ENTREPRENEURS

W0359712

VALÉRIE MARCH

INSTAGRAM, TIK TOK, YOUTUBE

SE FAIRE CONNAÎTRE, CONQUÉRIR, FIDÉLISER SES CLIENTS GRÂCE AUX MÉDIAS SOCIAUX VISUELS

BONUS : MODÈLES À TÉLÉCHARGER

LIGNES ÉDITORIALES

PLANNINGS

TABLEAUX DE REPORTING

DUNOD

La collection « Entrepreneurs » truffée de conseils pratiques, d'avis d'experts et de témoignages, vous apporte des solutions concrètes pour bâtir durablement votre réussite.

Édition : Innocentia Agbe et Margaux Lidon
Fabrication : Anne Pachiaudi
Mise en page : PCA
Couverture : Élizabeth Riba

NOUS NOUS ENGAGEONS EN FAVEUR DE L'ENVIRONNEMENT :

Nos livres sont imprimés sur des papiers certifiés pour réduire notre impact sur l'environnement.

Le format de nos ouvrages est pensé afin d'optimiser l'utilisation du papier.

Depuis plus de 30 ans, nous imprimons 70 % de nos livres en France et 25 % en Europe et nous mettons tout en œuvre pour augmenter cet engagement auprès des imprimeurs français.

Nous limitons l'utilisation du plastique sur nos ouvrages (film sur les couvertures et les livres).

11 rue Paul Bert, 92240 Malakoff
www.dunod.com
ISBN : 978-2-10-082916-3

Remerciements

Merci aux experts et entrepreneurs qui ont accepté de partager leur expérience et leurs conseils ; ils permettent à ce livre d'être, je l'espère, plus vivant et encore plus pertinent pour vous : Michael Aguilar, Claire Baaklini, Catherine Champeyrol, Anne-Laure Charlier, Florian Costes, Laetitia Dupé, Amélie Ebongué, Jean-Denis Garo, Selene Godoy Cortez, Julie Guertin, Clément Lesne, Emilie Marquois, Tiffanny Maquin-Roy, Julia Ouazan, Mélissa Perraudeau, Linda Smith, Pascale Weeks.

Merci également à mes éditrices Innocentia Agbe et Margaux Lidon pour leur accompagnement, leurs conseils et relecture attentive et challengeante.

À la mémoire de mon père, Paul March, curieux de tout ce qui touchait à ce qu'il appelait l'informatique. Il s'y était formé tout seul dans les années 70. Il aurait été surpris par TikTok et heureux que nous le découvrions ensemble.

Compléments en ligne

En complément de ces pages, vous pouvez accéder et télécharger les éléments suivants :

- Page 48 : Des exemples de personae et la matrice à compléter pour la construire
- Page 51 : Des exemples additionnels de ligne éditoriale et un modèle de document à compléter pour documenter sa ligne éditoriale
- Page 113 : Des outils additionnels pour animer vos espaces et créer vos contenus
- Page 116 : Un modèle de tableau de bord Instagram

Bonus additionnels :

- Plan stratégique médias sociaux : les questions à se poser – document à compléter pour construire son plan (basé sur la matrice POEM)
- Des exemples de planning éditoriaux – un planning sous format Excel à télécharger
- Une liste des liens auxquels nous faisons référence dans le livre pour que vous puissiez y accéder directement

Retrouvez ces compléments numériques en scannant le QR Code suivant ou en vous rendant sur la page de l'ouvrage sur le site de Dunod :

Sommaire

Avant-propos

Instagram, TikTok et YouTube ont, au fil des années, investi notre quotidien. Instagram y est parvenu en attirant les influenceurs en masse, TikTok voit ses vidéos régulièrement partagées sur d'autres réseaux sociaux, YouTube reste le lieu privilégié pour découvrir des vidéos.

Un engouement confirmé par le nombre d'utilisateurs de ces médias. Plus de 2 milliards d'utilisateurs dans le monde pour Instagram, tandis que TikTok et son homologue chinois Douyin ont attiré plus de 1,7 milliard d'utilisateurs. Le moteur de recherche de YouTube est le deuxième moteur le plus utilisé en France, après celui de Google, auquel il appartient.

Dans le même temps, même si Facebook demeure le réseau social le plus utilisé en France et dans le monde, il est désormais nécessaire pour les entreprises d'acheter de la publicité pour en tirer parti. De plus, il ne permet pas d'atteindre toutes vos cibles.

Il est donc logique que vous vous demandiez ce qu'Instagram, TikTok et YouTube peuvent vous apporter, lequel de ces médias choisir et comment les utiliser efficacement sans y consacrer trop de temps.

Un livre pensé pour les entrepreneurs, indépendants et créateurs d'entreprises

Centré sur la pratique, il prend en compte la réalité de votre quotidien : animer votre présence sur les médias sociaux n'est pas votre seule mission.

C'est la raison pour laquelle nous vous donnons des exemples concrets, des conseils pratiques pour accélérer votre prise en main de ces médias et partageons le retour d'expérience d'autres entrepreneurs.

Si vous manquez de temps

Lisez le premier chapitre introductif « Choisir le média social visuel adapté », sélectionnez le média social sur lequel vous voulez vous concentrer. Ce chapitre contient également la matrice POEM qui vous aide à affiner votre stratégie. Elle est utilisable pour d'autres médias sociaux et c'est un modèle de référence.

Si vous choisissez de vous concentrer sur Instagram, les chapitres 2, 3 et 4 lui sont consacrés, lisez-les tout en mettant immédiatement en pratique les conseils et la démarche recommandée dans les chapitres 2 et 3. Le chapitre 4 vous aide à finaliser votre plan de communication sur Instagram.

TikTok est traité dans le chapitre 5. En complément, appuyez-vous sur certains éléments des chapitres consacrés à Instagram. Notamment « Définir votre ligne éditorial » (ch 2), « Créer facilement des réels » (ch 3) et « Quel usage pour les lives ? » (ch 3).

Le chapitre 6 consacré à YouTube vous permet de choisir le ou les usages de cette plateforme pertinents pour vous. Il vous guide dans la création de votre chaîne et l'optimisation de vos vidéos.

1

Choisir le média social visuel adapté

« Une seule chose est constante, permanente, c'est le changement. »
HÉRACLITE

Objectifs

- ››› Définir les typologies de médias sociaux visuels.
- ››› Déterminer quels objectifs ils peuvent servir.
- ››› Découvrir la matrice POEM : les 4 approches des médias sociaux.
- ››› Savoir quelles questions vous poser avant de vous lancer.

Sous le vocable de médias sociaux visuels se trouvent des outils qui servent des usages très différents pour les internautes. Avant de les aborder, il est indispensable pour les entreprises et les indépendants de connaître la typologie de leurs utilisateurs ou membres et quels sont les objectifs qu'ils peuvent remplir.

Typologie des médias sociaux visuels

Instagram

Lancée en 2010, l'application Instagram est née d'un besoin simple. Déjà à l'époque, nous prenions beaucoup de photos avec nos téléphones portables, photos que nous repartagions sur les médias sociaux, mais leur qualité n'était pas toujours au rendez-vous. L'Instagram des débuts était donc avant tout une application nous permettant de retoucher facilement nos photos, de les partager avec nos amis et de les rendre publiques.

Depuis, racheté par Meta (Facebook) en 2012, les évolutions d'Instagram ont été dictées par l'objectif de continuer à développer son audience, de garder les utilisateurs le plus longtemps possible dans l'application et de contre-carrer ses concurrents, Snapchat dans un premier temps puis TikTok. C'est ainsi que vous avez vu apparaître sur Instagram les stories (inventées par Snapchat) puis les Reels (directement inspirés des vidéos courtes de TikTok).

Qui utilise Instagram ?

Près de 24 millions de Français visitent la plateforme au moins une fois par mois (source Statista 2023). Et vous le savez bien : en observant vos propres usages, ceux de vos proches ou de vos clients, vous voyez que nous sommes nombreux à l'utiliser plusieurs fois par jour. À titre de comparaison, Facebook communique sur un chiffre de 40 millions d'utilisateurs en France.

L'intérêt d'Instagram réside dans sa capacité à nous mettre en contact avec une cible plus jeune que celle de Facebook. En 2023, plus de 75 % des utilisateurs d'Instagram avaient moins de 35 ans.

Instagram est également devenu la plateforme préférée des influenceurs et créateurs de contenus. Dans une étude menée par Reech en 2021[1], plus de 90 % des influenceurs/créateurs de contenus utilisaient Instagram alors que seulement 17 % utilisaient YouTube. Travailler avec des influenceurs est une autre raison pour laquelle les entreprises investissent dans Instagram.

Spécificités d'Instagram

Application mobile avant tout, il est maintenant possible d'animer son compte à partir d'un ordinateur même si les fonctionnalités y sont un peu réduites. Il n'est par exemple pas possible de créer une story ou un reel sur ordinateur. Cette prédominance de l'accès au contenu via mobile impacte les visuels que nous partageons. Ils sont vus sur un petit écran.

Instagram est considéré comme une plateforme de microblogging. Vous bloguez des images ou des vidéos que vous avez prises et rajoutez une légende. Tout membre d'Instagram peut vous suivre sans que vous ayez à valider sa demande. Comme sur Twitter, il existe une exception à ce principe : les comptes dits « privés ». Il est en effet possible de paramétrer votre compte pour que vos publications ne soient vues que des personnes dont vous acceptez la demande de suivi. Bien évidemment, dans le cadre de la promotion de votre activité sur Instagram, cet usage ne fait aucun sens.

1. L'étude date un peu mais vous montre l'importance de l'usage de la plateforme.

Les endroits de publication phares de l'application sont les publications du feed (celles que nous retrouvons sur la page d'accueil de notre application), les stories (contenu à durée de vie courte) et les reels (que l'on peut retrouver en feed, en story et/ou dans l'onglet reel de l'application).

Re-poster des publications du feed général sur son propre compte n'est pas possible au sein même de l'application. La viralité que l'on peut retrouver sur d'autres médias sociaux ne se produit pas de cette manière-là dans Instagram. Dans ce réseau, prime la découverte du contenu.

Enfin, les photos que vous partagez ne contiennent pas de lien cliquable. C'est la raison pour laquelle Instagram est avant tout un outil permettant de vous faire connaître. Il est beaucoup plus difficile de l'utiliser pour générer du trafic vers un site Internet (contrairement à Pinterest).

TÉMOIGNAGE

Cacham, artiste peintre – @cacham

Comme mon style est très distinctif, j'ai eu la bonne surprise de recevoir des messages de personnes ayant déjà vu des œuvres signées Cacham en galerie par exemple et qui étaient heureuses de me trouver sur Instagram. J'ai ainsi reçu des messages du Texas, de Singapour, de Dublin et aussi de personnes qui m'envoient la photo d'une œuvre qu'elles ont depuis des années dans leur salon ou leur chambre. C'est intime et très touchant de tracer la vie de mes toiles par l'intermédiaire de l'application. Instagram, ça m'apporte alors de la complicité, de la connivence, une forme de fil invisible entre mon atelier et mes toiles éparpillées sur les murs à travers le monde.

TikTok

À l'origine du développement de TikTok le rachat par la société Musical.ly en 2018. Il aura fallu 9 mois à TikTok pour dépasser la barre des 100 millions d'utilisateurs, il en avait fallu 30 à Instagram pour atteindre le même résultat. Boostée par la crise sanitaire mondiale, l'application mobile chinoise est ainsi devenue en quelques années une véritable menace pour Instagram par son nombre d'utilisateurs et pour YouTube par le temps passé par les utilisateurs sur l'application. Début 2023, TikTok comptait en France 21 millions d'utilisateurs actifs de plus de 18 ans[1].

TikTok est donc une plateforme de partage de vidéos courtes. Au lancement, les premiers TikTok ne pouvaient pas dépasser 15 secondes puis la plateforme a allongé à trente secondes puis à trois minutes. Il est même possible maintenant de téléverser une vidéo de 10 minutes maximum dans l'application.

AVIS D'EXPERT

Amélie Ebongué, Autrice de *Génération TikTok*, aux éditions Dunod

Qu'est-ce qui fait de TikTok une plateforme à part ?

TikTok est aujourd'hui le carrefour des possibles. La plateforme sociale a littéralement bouleversé les codes de la création numérique mondiale. Tous les ingrédients de la genZ sont réunis : divertissement, sens de l'éphémère, verticalité et communauté. L'application mobile mise sur l'authenticité de ses créateurs, la pluralité des formats, la viralité des créations que l'on peut retrouver sur la plateforme, mais surtout sur la monétisation des contenus à destination des créateurs. C'est une véritable usine à pop culture et sa croissance face aux géants du numérique a beaucoup fait parler notamment durant le confinement vécu par près d'un tiers des habitants de la planète à travers le monde fin mars 2020. Aujourd'hui, TikTok ne représente pas moins de trois milliards

1. Données publicitaires TikTok analysées par Kepios, avril 2023.

de téléchargements dans le monde. Des secteurs comme le sport l'ont investi à grande échelle : les coachs sportifs y sont nombreux, proposant des exercices ou autres conseils pour maintenir sa forme physique. On observe des vidéos de séances d'entraînement, de présentation du studio et/ou des équipes, défis d'exercices physiques, vidéos de motivation, mais aussi pédagogiques et explicatives comme le fait Décathlon. Le secteur de l'alimentation vit aussi son heure de gloire sur TikTok. Des marques comme Carrefour, Nutella ou encore Domino's Pizza se prêtent naturellement au jeu. Les recettes de cuisine fonctionnent très bien sur TikTok, ce n'est plus un secret. L'application agit comme un véritable agent de changement et vient challenger le statu quo pour offrir un nouveau souffle à l'industrie alimentaire. Les créateurs de contenus affluent sur ce type de formats et les marques aussi n'hésitent plus à valoriser leurs produits de la sorte afin de mieux les présenter.

Qui l'utilise ?

Clairement marquée comme l'application utilisée par les adolescents, l'audience de TikTok est cependant en train de vieillir. En France, TikTok permet d'atteindre 43 % de la population de plus de 18 ans[1]

Spécificités

Son algorithme de suggestions extrêmement puissant et ses vidéos courtes expliquent la capacité de TikTok à capter un temps d'écran de plus en plus important. En 2023 en France, les utilisateurs de TikTok passaient en moyenne 21 heures 24 mn/mois sur l'application vs 11 heures 42 mn/mois pour ceux de YouTube[2].

Là où Instagram impose des photos travaillées et la recherche d'une certaine esthétique, TikTok adopte un ton beaucoup plus authentique et détendu. Le tutoiement est souvent de rigueur. L'utilisateur se filme face caméra et souvent en mode selfie.

1. *Ibid.*
2. Digital WeAreSocial – Meltwater, 2023.

Seule application chinoise dans le panorama actuel des principaux médias sociaux visuels, TikTok est cependant accusée de non-respect de la confidentialité des données, de mettre en danger les enfants et d'avoir un impact négatif sur ses utilisateurs. D'ailleurs le téléchargement de l'application est interdit dans plusieurs pays dont l'Inde – qui était un de ses plus grands marchés. Les États-Unis, le Canada et le parlement Européen entre autres ont interdit à leurs fonctionnaires de télécharger l'application sur leur téléphone professionnel.

Snapchat

Créé en 2011, ce média permet à ses utilisateurs de publier du contenu éphémère sous forme de stories ou de messages privés. L'application Snapchat a représenté une telle menace pour Instagram qu'avant son entrée en bourse cette dernière a également lancé sa fonctionnalité « story ». Cette manœuvre ayant pour objectif de laminer sa levée de fonds et de détourner des usagers de Snapchat vers Instagram. Force est de constater qu'Instagram a réussi et que l'arrivée de TikTok dans le paysage des médias sociaux a terminé de réduire l'importance de Snapchat.

En France, le média a maintenu une audience proche de celle de TikTok. En revanche, au niveau mondial, TikTok compte trois fois plus d'utilisateurs que Snapchat[1] ce qui ne laisse rien présager de bon pour la plateforme.

Qui l'utilise ?

Les adolescents et jeunes adultes utilisent principalement Snapchat dans ses fonctionnalités de messagerie instantanée.

1. Source : TikTok et Snapchat, 2023.

Pinterest

Enfin un média que l'on peut utiliser facilement sur ordinateur comme sur mobile !

Pinterest est un outil de partage d'images conçu pour permettre la découverte et la sauvegarde d'images inspirantes sur Internet. Ces images peuvent ensuite être sauvegardées dans des tableaux à la manière de *mood board* ou de « tableaux de tendances ».

La spécificité de Pinterest reste que la majorité des images épinglées sont liées à des pages de sites Internet. En deux clics, l'utilisateur peut accéder à la page dont est issue l'image et quand il s'agit d'un site de e-commerce acheter l'objet en question. L'approche de ce média par ses utilisateurs reste souvent une approche projet (réaménagement d'une pièce de la maison, envie de cuisiner, préparation d'un mariage, etc.). Au niveau mondial, plus de 75 % des utilisateurs sont des femmes (source Pinterest).

En février 2023, Pinterest enregistrait en France 17,5 millions de visiteurs uniques (source Pinterest). Néanmoins, elle n'est la plateforme préférée que de 2,8 % des socionautes Français là où Instagram enregistre un score de préférence de 19,4 % (source GWI Q3.2022).

Pour certains d'entre vous, ce média est peut-être devenu un outil de productivité personnelle ou professionnelle, voire un outil de génération de trafic vers votre site Internet.

YouTube

Plateforme historique de partage de vidéos appartenant à Google depuis 2006, YouTube fait figure de grand-père des médias sociaux dans ce panorama. Gardons cependant en tête que le moteur de recherche de YouTube reste le deuxième moteur de recherche le plus utilisé en France.

La plateforme reste la destination incontestée lorsque vous avez besoin d'apprendre à faire quelque chose ou de comprendre. La dimension de divertissement n'est par ailleurs pas en reste.

Pour les petites entreprises et les indépendants, une présence sur YouTube s'impose dès que vous produisez des contenus vidéo à durée de vie longue – par opposition aux contenus *snacking* que l'on peut trouver en reel sur Instagram ou en vidéo sur TikTok.

TÉMOIGNAGE

Catherine CHAMPEYROL, cofondatrice, coautrice et éditrice de la collection JEUXDENJEUX

La collection JEUXDENJEUX s'est bien développée en 2018, avec 10 jeux de cartes disponibles en français et en anglais en décembre 2018. C'est à partir de cette date que j'ai voulu regrouper de l'information utile et vivante grâce à des formats vidéo courts (1 à 2 minutes, 3 minutes max) sur un point de contact unique.

Le site web JEUXDENJEUX ne me semblait pas assez visible et ouvert pour héberger ces vidéos. YouTube s'est imposé comme une solution naturelle et simple. Le confinement début 2020 a encore renforcé ce besoin d'avoir une banque de vidéos « mode d'emploi » pour favoriser la prise en main des jeux à distance, de façon asynchrone.

Quels objectifs peuvent-ils avoir ?

■■■ En observant l'usage de ces médias par de petites entreprises et indépendants, on constate rapidement une réelle diversité.

Des objectifs classiques de communication

→ Fidéliser vos clients : garder le lien avec eux de manière à ce qu'ils achètent à nouveau chez vous, consomment des produits ou services additionnels ou à plus forte marge, vous recommandent à leurs relations.

→ Faire aimer/faire connaître votre entreprise, ses produits et ses services : c'est le travail de l'image et de la notoriété de votre entreprise.

→ Faire agir : générer du trafic vers le site Internet de l'entreprise, son site d'e-commerce. Communiquer sur des promotions pour générer des ventes additionnelles ou du ré-achat.

TÉMOIGNAGE

Anne-Laure Charlier, céramiste

J'ai commencé à utiliser Instagram en 2014 et au début, je l'ai surtout utilisé pour découvrir le travail d'autres céramistes un peu partout dans le monde. Les céramistes anglo-saxons sont très créatifs et plein de fraîcheur. J'aime beaucoup ce réseau parce que j'y trouve beaucoup de bienveillance, ce que je ne trouve pas sur Facebook.

Petit à petit, j'ai à mon tour partagé des photos de mes pièces, de mon atelier. Des bénéfices ? Absolument ! Ma présence sur le réseau me permet de toucher des publics à l'étranger que je n'aurais pas touché par ailleurs. J'ai troqué des pièces avec des céramistes du monde entier. Je reçois des demandes de commande directement via Instagram et j'ai même été invitée à participer à un projet d'exposition en Australie.

Des usages plus productivistes

→ Créer des visuels attractifs, des vidéos courtes à la volée avec son téléphone portable. Instagram avait ouvert la voie en nous permettant d'optimiser les photos que l'on prenait avec son téléphone portable mais, depuis, les options d'enrichissement de nos photos et vidéos à travers ces applications se sont multipliées. Filtres, stickers, texte surimposé, sous-titres, musique dont les droits sont gérés par la plateforme... Les possibilités de transformation de l'image ne sont plus limitées que par votre imagination.

→ Stocker ses vidéos. Cela reste l'une des premières raisons pour lesquelles les entreprises utilisent YouTube. Les vidéos hébergées sur YouTube peuvent être facilement intégrées dans une page de site Internet ou repartagées sur LinkedIn ou Twitter. Pas besoin de serveur Internet dédié, YouTube fournit la bande passante.

→ Découvrir du contenu intéressant. C'est la raison d'être de Pinterest. La possibilité de découvrir du contenu photo ou vidéo, de l'enregistrer dans un espace accessible au sein de l'application, de le partager avec quelqu'un voire de le repartager au sein même de l'application fait partie maintenant des codes de la majorité des médias que nous avons citée au début de ce chapitre.

→ De manière plus générale sur Internet, la découverte de contenu est devenue quasiment aussi importante dans la manière dont les internautes approchent une offre de produits et de services que la recherche de solutions, produits ou services dans un moteur de recherche (qu'il s'agisse du moteur de recherche de Google, YouTube ou de tout autre média social).

TÉMOIGNAGE

Michaël Aguilar, conférencier international professionnel, auteur de 12 best-sellers

Je suis allé sur TikTok parce qu'il devenait important pour moi de diminuer ma dépendance à LinkedIn. Évidemment, entre les deux médias, on peut avoir l'impression de faire le grand écart mais des collègues conférenciers m'avaient confié avoir vendu des conférences par ce biais. Donc j'ai voulu voir ce qu'il en était. Après avoir passé deux heures à vraiment entraîner l'IA de TikTok, en réagissant au contenu qui m'intéressait et en passant vite sur celui qui ne m'apportait rien, je dois avouer trouver un réel intérêt au contenu que j'y trouve : neuroscience, marketing vente, meilleurs restaurants à Paris, des humoristes, l'histoire, chatGPT, l'intelligence artificielle… La plupart des contenus proposés m'intéressent ce qui n'est plus le cas pour moi sur LinkedIn.

Quel média pour quel objectif ?

Fonctionnalités, audiences et usages par leurs membres, sont autant de paramètres qui distinguent ces médias entre eux et qui les rendent plus efficaces pour atteindre certains objectifs.

Instagram, TikTok, Snapchat : ces médias sociaux vous permettent avant tout de **travailler votre image et votre notoriété**. Pour développer votre communauté, vous vous appuierez sur votre base de clients existante et pourrez ainsi les fidéliser.

En revanche, les fonctionnalités de ces applications rendent beaucoup plus compliqué l'accès à un site de e-commerce. Si vous voulez générer du trafic vers votre site, vous devrez soit faire de l'achat média soit des opérations incluant des codes promotionnels, relayées par des influenceurs.

Enfin, le choix du média que vous souhaitez activer va dépendre d'une part des préférences et des usages de votre audience.

Tableau récapitulatif : quel média pour quel objectif ?

	Instagram	TikTok	Snapchat	Pinterest	YouTube DailyMotion Vimeo
Fidéliser vos clients	+++	+++	+	+	++
Faire aimer	+++	+++	+	++	++
Faire connaître	+++	+++	–	+++	++
Générer du trafic vers votre site	+	–	–	+++	+
Créer des visuels attractifs	+++	+++	++	–	–
Créer des vidéos courtes enrichies	+++	+++	+++	–	–
Héberger des vidéos pour en faciliter la diffusion	–	–	–	–	+++
Servir de banque d'images externes	–	– –	–	++	–
Trouver des contenus pour animer son compte	+	++	–	+++	+++

Puisqu'ils sont devenus des carrefours d'audience incontestés, que vous allez y trouver vos clients et que nous avons un nombre limité de pages dans cet ouvrage, nous avons décidé de nous concentrer sur ces trois médias sociaux.

→ **Pinterest :** puisque les images partagées dessus sont cliquables et que ses utilisateurs recherchent des idées, des produits liés à des projets ou des centres d'intérêt forts, Pinterest peut parfaitement être utilisé pour **générer du trafic vers un site de e-commerce**. En revanche, une marque est bien moins visible sur Pinterest. Sur ce média, vous partagez dans un même espace, votre propre contenu et celui qui vous inspire rendant l'identification de votre marque plus difficile.

Par ailleurs, très utilisé dans le monde anglo-saxon, il peut aussi vous aider à vous faire connaître à l'étranger.

Enfin, certains d'entre vous l'utiliseront simplement pour trouver des sources d'inspiration et des informations.

→ **YouTube/Vimeo :** il y a un double intérêt à ces plateformes. Trouver du contenu vidéo pour animer vos espaces et aussi, si vous vous sentez l'âme de créateur de contenu, héberger vos vidéos gratuitement afin de leur donner plus de visibilité.

Matrice POEM : les 4 approches des médias sociaux

Lorsque l'on parle de médias sociaux pour une entreprise, on pense immédiatement aux espaces que l'on va pouvoir créer au nom de l'entreprise. C'est ce que l'on appelle le « Shared media », nous revenons sur cette notion par la suite. Mais il est également possible d'utiliser les médias sociaux en y faisant de la publicité ou bien de bénéficier de bouche-à-oreille positif de la part de nos clients sur les médias sociaux.

Ces possibilités d'usage des médias sociaux sont résumées dans le modèle POEM (**P**aid, **O**wned, **E**arned **M**edia). Modèle essentiel pour choisir les leviers d'usage des médias sociaux, ce modèle peut être utilisé pour l'ensemble de votre communication digitale.

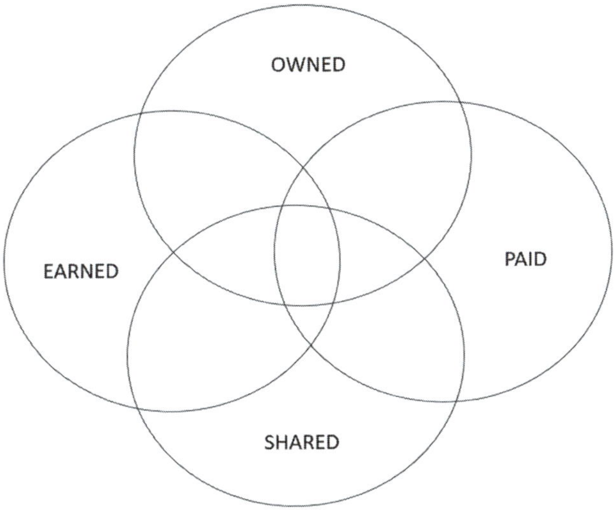

PAID – l'achat d'espaces publicitaires sur les médias sociaux

Même si l'offre de publicités payantes diffère d'un média à l'autre, tous vivent de revenus publicitaires. Recourir à la publicité payante sur ces médias permet :

→ d'augmenter la visibilité de vos publications et donc de votre communication auprès de vos followers et aussi d'audiences non abonnées qui vous intéressent ;

→ de générer du trafic vers votre site si tel est votre objectif. Nous avons vu précédemment que sur des médias comme Instagram ou TikTok les « publications » ne sont pas cliquables. Les solutions publicitaires de ces médias permettent de créer des publicités intégrant des liens vers votre site Internet ou votre site de e-commerce.

OWNED – les espaces qui vous appartiennent et sur lesquels vous avez un contrôle total – votre site Internet, votre blog

Quelques idées d'actions relatives au « media OWNED » dans le contexte des médias sociaux.

→ Votre activité est visuelle (architecte, artisan d'art, créateur...). Vérifiez que les photos de votre site Internet sont bien « pinterestables ». Photos attractives, photos d'ambiance, au format portrait... en bref, tout sauf un gros plan sur un produit sans contexte.

→ Vous êtes un expert dans un domaine – par exemple en SEO (optimisation du référencement naturel), vous écrivez des articles pour démontrer votre expertise. Pourquoi ne pas rajouter des infographies contenant des informations clés sur le fonctionnement de l'algorithme. Infographies que vous pourrez héberger sur votre site Internet. Libre à vous ensuite de les partager sur Pinterest ou de laisser des utilisateurs de Pinterest les découvrir et les partager.

→ Vous décidez de faire des campagnes publicitaires sur les médias sociaux pour générer du trafic vers votre site Internet, assurez-vous que la page de destination de la campagne est attractive, cohérente par rapport au message clé de la campagne et permet facilement la transformation du visiteur en client. Souvenez-vous aussi lorsque vous travaillez sur vos pages que le trafic généré par les médias sociaux visuels viendra prioritairement d'un téléphone portable.

→ Enfin, si vous produisez des vidéos que vous hébergez sur YouTube, nous verrons comment les intégrer à votre site Internet en utilisant le «viewer» de YouTube, aide au référencement de votre site et des vidéos.

EARNED – le bouche-à-oreille, l'action de vos collaborateurs, les influenceurs et les retombées presse

Le «EARNED» est la visibilité que l'on gagne et qui est générée par un tiers. Cela regroupe toutes les mentions positives que vous pouvez obtenir sur les médias sociaux.

Quelques exemples :

→ un membre de Pinterest partage une des photos de votre site Internet sur son compte ;
→ un instagrameur suivi par 2500 personnes se prend en photo avec une de vos créations et le partage sur son compte ;
→ un internaute repère votre vidéo sur YouTube et la repartage sur son compte Facebook ;
→ un de vos collaborateurs crée une vidéo TikTok pour dire à son réseau qu'il y a un poste à pourvoir chez vous (comme il a un bon sens de l'humour, elle est vue).

Dans le «earned», vous trouvez des actions générées par :

→ les amis de votre petite entreprise et vos proches ;
→ vos collaborateurs ;
→ vos clients et prospects ;
→ des prescripteurs ;
→ des influenceurs sur les médias sociaux : Youtubeurs, instagrameurs, tiktokeurs… ;
→ des journalistes.

Il est tout à fait possible de faciliter la génération de « EARNED » sans être présent sur le média. Des hôtels ou des restaurants, par exemple, encouragent leurs clients à créer des photos pour partager leur expérience sur Instagram. Des sites d'e-commerce retravaillent la qualité des photos du site pour que les internautes aient envie de les partager sur Pinterest. Des espaces de réception du public créent des espaces pour que les visiteurs aient envie de créer des vidéos courtes utilisées ensuite sur Instagram ou TikTok.

SHARED – les espaces que vous créez au nom de votre marque sur les médias sociaux

Compte Instagram, Snapchat, chaîne YouTube... Les formes varient. Leur point commun : des espaces que vous créez et que vous devrez animer de manière régulière. Attention également, même si l'on parle d'espaces qui vous appartiennent, vous restez tributaire des changements apportés directement par les plateformes. Vous aurez toujours moins de contrôle sur ces espaces que ce que vous pouvez exercer sur un site Internet par exemple.

Comment utiliser la matrice POEM ?

Nous avons vu précédemment que votre présence sur un média social de votre cible dicte l'intérêt qu'il peut présenter pour votre entreprise. En vous appuyant sur le modèle POEM, vous pourrez réfléchir à la manière dont vous voulez activer le média social qui vous intéresse.

En effet, par exemple TikTok peut être pertinent pour votre entreprise mais vous réalisez qu'établir une présence en son nom sur TikTok est trop compliqué pour vous. En revanche, vous avez dans votre équipe de jeunes collaborateurs qui publient déjà sur TikTok : pourquoi ne pas réfléchir avec eux aux moyens de parler de votre entreprise sur leur propre compte (EARNED) ou bien pourquoi ne pas explorer l'interface publicitaire et voir comment elle peut vous aider à atteindre votre cible (PAID) ? Dans ce cas, vous créerez un compte (SHARED) pour pouvoir accéder à l'interface publicitaire mais sans contrainte de publications régulières.

Quelles sont les questions à vous poser avant de vous lancer ?

→ Sur quels médias sociaux ma cible, mes clients, mes prescripteurs sont présents ?

Il est possible que vous ayez plusieurs cibles et que ces cibles n'utilisent pas les mêmes médias sociaux. Dans ce cas, n'essayez pas de trouver le média qui les rassemble tous mais au contraire, choisissez celui qu'ils préfèrent.

Exemple : vous coachez des adolescents sur leur parcours et leur orientation scolaire. Vous ciblez sûrement les parents mais vous souhaitez peut-être aussi développer votre notoriété auprès des adolescents pour qu'ils aient envie de vous consulter. Dans ce cas, deux cibles différentes, utilisant des médias différents, qui auront de plus des besoins eux aussi différents en termes de communication. Les parents seront sur Facebook ou Instagram. Les adolescents sur Instagram, TikTok, Snapchat.

→ Pour compléter votre analyse, observez la présence de concurrents ou d'entreprises référentes de votre secteur.

Quels médias utilisent-ils ? Pour quoi faire ? Sur quels médias enregistrent-ils le plus d'engagements ? Le plus d'abonnés ?

→ Quel est mon objectif de communication prioritaire auprès de chaque cible ?

L'enjeu pour vous est-il de vous faire connaître, de fidéliser vos clients, de générer du trafic vers votre site Internet ?

L'objectif dictera les actions que vous souhaitez mettre en place (pensez matrice POEM) et le choix des médias prioritaires.

→ **Les questions à se poser autour des contenus :**

Quels types de contenus avez-vous prévu de produire cette année ? Quels sont les événements que vous organisez ou auxquels vous participez ? Il peut s'agir d'événements physiques (ex : des salons professionnels) ou d'événements à distance (ex : des webinaires). Avez-vous la capacité de produire du contenu visuel ou vidéo régulièrement ? Avez-vous envie de vous mettre en scène ?

→ Et pourquoi pas, des questions autour de votre efficacité professionnelle ?

→ Est-ce que certains de ces médias peuvent m'aider à être plus productif ? À trouver des informations à partager ? Si oui, quelles informations, sur quels thèmes ?

Quelles synergies existent entre tous les médias ?

Vous l'avez compris : ces médias sociaux visuels impliquent une production régulière de contenus, des efforts spécifiques de recrutement d'abonnés et vous avez tout intérêt à détecter les synergies potentielles. Voici quelques idées clés.

Nommage des espaces

Un des moyens pour recruter des abonnés pour vos espaces reste d'en faire la promotion sur tous vos moyens de communication, y compris physiques (la vitrine de votre point de vente, vos cartes de visite, votre menu). Utilisez le même identifiant (@) dans tous vos espaces, ce sera plus simple.

Communiquer dans vos espaces sur vos espaces

Que ce soit sur Facebook ou YouTube, mentionnez sur la page « à propos » votre présence sur d'autres médias sociaux : votre compte Instagram, TikTok ou Snapchat.

Lorsque vous créez un compte sur un média, publiez une actualité sur les comptes que vous animez sur d'autres médias. Beaucoup d'entreprises qui se lancent sur Instagram l'annoncent sur leur compte Facebook ou leur page LinkedIn en expliquant quel type de contenus leur audience va pouvoir y trouver.

Mutualisez vos contenus… avec prudence

Évidemment, il est tout à fait possible de partager le même contenu visuel sur Facebook et Instagram mais vous verrez par la suite que les codes visuels et les formats privilégiés chaque média social ne sont pas les mêmes. Donc si, par manque de temps, vous souhaitez mutualiser la production de contenu entre deux médias sociaux, produisez votre contenu en fonction des codes du média prioritaire puis ré-utilisez le même contenu sur un média secondaire. Face à deux médias prioritaires pour vous, produisez le contenu adéquat pour chaque média.

Par ailleurs, attention aux règles propres des algorithmes de chaque média social : Instagram privilégie les reels produits dans son interface et dégraderait la « note » des vidéos TikTok partagées directement sur Instagram surtout quand elles contiennent le logo TikTok.

L'essentiel

Tous les médias sociaux visuels ne se valent pas. Instagram reste le plus puissant actuellement mais si vous voulez cibler une cible très jeune, TikTok est plus efficace.

Définir son objectif et sa cible avant de choisir les médias dans lesquels vous allez vous investir reste un facteur clé de succès.

Comprendre les spécificités de chaque média vous permet de valider la viabilité de votre présence. TikTok fonctionne mieux si vous incarnez le contenu. Êtes-vous prêt à vous mettre en scène ?

Penser à la matrice POEM pour définir votre action. Il n'est pas absolument nécessaire de créer son propre espace sur un média pour en tirer parti. Pensez achat d'espace et/ou influence.

Vers un plan d'action

- Analysez parmi ces médias sociaux, quels sont ceux utilisés par vos clients ? Et parmi vos concurrents ou des entreprises référentes de votre secteur d'activité ?
- Observez les contenus partagés et ceux qui semblent générer le plus de réactions de la part de leur audience.
- Si vous n'utilisez pas Instagram ou TikTok, créez-vous un compte et commencez à vous familiariser avec leur mode de fonctionnement.
- Reprenez la matrice POEM et réfléchissez pour les médias prioritaires à ce que vous voulez activer.

2

Créer son compte Instagram

« L'image publique ne dit rien sur la vérité. »
PHILIPPE STARCK

Objectifs

- Comprendre les spécificités d'Instagram.
- Choisir le type de compte adapté.
- Définir votre ligne éditoriale.
- Connaître les formats d'expression.
- Créer vos premières publications.

Plébiscité par un public plus jeune que celui des utilisateurs actifs de Facebook, média préféré des influenceurs, fort d'une audience de plus de 29 millions de personnes en France en avril 2023[1], Instagram semble incontournable. Comprendre ses spécificités permet de clarifier l'utilité qu'il peut avoir pour vous et d'intégrer les efforts de production de contenus nécessaires pour y réussir.

Mode de fonctionnement et spécificités d'Instagram

Instagram est avant tout un outil pour se faire connaître et faire aimer sa marque, son entreprise, ses produits à travers le partage d'éléments visuels. Générer du trafic vers un site Internet reste un objectif beaucoup plus difficile à atteindre.

Au fil des années, et stimulées par des médias comme Snapchat puis TikTok, les fonctionnalités d'Instagram se sont enrichies. Aux simples publications du début, visibles sur votre profil, se sont ajoutés les stories, les reels, ou encore la diffusion de live.

Utiliser efficacement Instagram consiste à jongler entre ces différents formats et endroits de publication pour capter l'attention de votre audience et également celle de l'algorithme de l'application.

1. Source Kepios – sur la base des ressources de Meta Advertising , 2023.

Les formats d'expression sur Instagram

Les publications

Il s'agit des photos, des reels et des vidéos que vous publiez sur votre compte et qui restent accessibles sur votre feed… jusqu'à ce que vous preniez la décision de les supprimer.

Par défaut, les publications sont visibles de tous et classées par ordre ante-chronologique. Lorsque vous partagez une photo ou une vidéo, elle est également poussée vers le fil d'actualité (ou page d'accueil) d'une partie de vos followers (les personnes abonnées à votre compte). L'algorithme d'Instagram peut également suggérer votre publication à des non-followers, ce qui participe à la viralité sur Instagram. Comme sur tous les médias sociaux, seulement une partie de vos followers est exposée à vos publications. Là aussi, l'algorithme d'Instagram choisit les personnes qui voient votre publication en fonction de critères que nous analyserons dans le chapitre suivant.

Bon à savoir

Un membre d'Instagram peut partager votre publication dans sa story mais il ne peut pas la repartager sur son profil directement dans Instagram.

Ni les photos partagées dans Instagram, ni les URL incluses dans une légende ne sont cliquables.

Les stories dans Instagram

Cette fonctionnalité, inventée par Snapchat, a été intégrée dans Instagram en 2016. Une story consiste en une agrégation de photos et de vidéos visibles dès la page d'accueil de vos abonnés. Chaque élément de la story est visible pendant 24 heures. Une fois les 24 heures écoulées, l'élément de la story disparaît.

Bon à savoir

Il est possible de mettre un lien cliquable dans une story ce qui n'est pas possible pour une publication « classique ». Sachez également que vous pouvez sauvegarder des stories « à la une » de votre compte.

Les reels

Comme nous l'avons évoqué précédemment, Instagram et TikTok se livrent à une compétition féroce pour capter notre attention. Quand Instagram s'est rendu compte de l'engouement des socionautes pour les vidéos courtes proposées par TikTok, l'application a lancé les reels à son tour.

Format de publication spécifique, les reels sont des vidéos verticales, en plein écran, d'une durée maximale de 90 secondes. Les reels peuvent être postés comme une publication classique, partagés dans une story ou trouvés dans l'espace dédié d'Instagram consacré aux reels. D'ailleurs, lorsque vous partagez des reels sur votre profil, ils sont accessibles aussi dans un onglet spécifique de votre profil.

Actuellement, le format reel est privilégié par Instagram qui ajoute fréquemment de nouvelles fonctionnalités et modèles pour vous aider à créer un contenu de qualité.

Live Instagram (InstaLive)

Sur Instagram, vous pouvez créer un live vidéo. Ce format présente de multiples avantages.

Les abonnés assistant au live peuvent interagir avec vous, laisser des commentaires, des « likes » pendant le live. Cette interaction a rendu cette fonctionnalité extrêmement populaire pendant les confinements. Nous avons vu pléthore de concerts en live, de cours de yoga, de cuisine ou de méditation accessibles directement sur la plateforme.

Pendant la diffusion, votre vignette s'affiche à côté des stories sur l'écran d'accueil de vos abonnés.

Le live reste accessible en replay directement sur votre feed après la diffusion.

Le format est moins soigné que pour les autres formats de publication sur Instagram ce qui permet de générer du contenu à la volée.

Bon à savoir

Il est également possible de faire un live de votre ordinateur en utilisant un logiciel de streaming.

Guide Instagram

Le guide Instagram est une fonctionnalité permettant de créer des collections organisées de publications sur un thème précis. C'est comme un billet de blog compilant des publications que l'on a enregistrées et/ou des publications que l'on a partagées.

La visibilité des guides est limitée dans la mesure où ils ne sont visibles que dans l'onglet guide de notre profil. Libre à nous évidemment d'en faire la « promotion ».

Dans de nombreux cas, on préfére aux guides la fonctionnalité de « stories à la une », bien plus visible.

Naviguer sur Instagram

Avant de rentrer dans l'ergonomie de l'application, quelques définitions. Sur tout compte Instagram ainsi que sur votre compte, le nombre d'abonnés et d'abonnements apparaît.

→ **Followers** (= vos abonnés) : les comptes qui vous suivent. Vos publications apparaissent dans leur fil d'actualité (page d'accueil de l'application) et vos stories en haut de leur page d'accueil.

→ **Suivis** (= vos abonnements) : les comptes que vous suivez. Leurs publications apparaissent dans votre fil d'actualité.

Ergonomie de l'application

L'application s'ouvre sur cet écran :

Écran d'accueil de l'application mobile (version iOS)

À noter : toutes les captures d'écran de l'ouvrage ont été faites sur iPhone, l'ergonomie est légèrement différente sous Android.

Page d'accueil de l'application

En bas de l'écran, vous retrouvez votre barre de navigation.

Symbole	Description de l'écran
Maison	Page d'accueil de l'application : photos et vidéos de comptes auxquels vous êtes abonné, publications suggérées et contenu publicitaire (post sponsorisé). Cette page est organisée par un algorithme. En haut de l'écran, les stories partagées par les comptes que vous suivez – là aussi l'algorithme choisit.
Loupe	Page de recherche, qui vous permet à la fois de lancer une recherche dans Instagram et de découvrir des photos, vidéos, reels susceptibles de vous intéresser.
Symbole des reels	L'onglet dédié aux reels à découvrir et à partir duquel vous pouvez également créer un reel.
Symbole Shopping	L'interface Shopping d'Instagram. Cette fonctionnalité, quand elle est activée, permet d'identifier des produits dans vos publications. Lorsque le visiteur clique sur le tag du produit vu dans votre publication, il accède à une fiche produit hébergée sur Instagram. S'il souhaite en savoir plus ou acheter, il doit cliquer sur le bouton « Voir le site web » et arriver sur la page produit de votre site Internet. Ça reste un peu le parcours du combattant mais peut contribuer à des ventes additionnelles.
Votre photo	Votre profil. Vous retrouvez l'ensemble des publications que vous avez partagées (= votre timeline), les stories à la une, les reels que vous avez créés. C'est également ici que se trouve l'interface d'administration de votre compte.

En haut de l'écran.

Symbole	Description de l'écran
Symbole « + »	L'accès aux fonctionnalités de création de tous les types de « contenus » y compris les stories « en direct ».
♥	Vos notifications.
Symbole Flèche	La messagerie privée (vous pouvez également lancer une conversation audio dans cet espace, ce qu'Instagram appelle lancer un « salon »).

Il est maintenant possible d'administrer un compte Instagram depuis un ordinateur mais vous n'avez pas accès à toutes les fonctionnalités de l'application. Impossible par exemple de créer une story ou un reel directement dans l'application, vous ne pouvez pas non plus repartager une publication dans une story.

C'est la raison pour laquelle nous nous concentrerons sur l'application mobile dans le livre.

Créer votre compte Instagram

■ ■ ■ Sur Instagram, trois types de comptes cohabitent : les personnels, les professionnels et les créateurs.

→ **Compte personnel** : par défaut lorsque vous créez votre compte Instagram après avoir téléchargé l'application sur votre téléphone, votre compte est classé en compte « personnel ».

→ **Compte professionnel** : c'est le type de compte que nous vous recommandons d'utiliser lorsque vous souhaitez utiliser Instagram pour votre entreprise ou votre activité.

Ses principales fonctionnalités :

- accès aux statistiques ;
- possibilité d'acheter de la publicité (à condition d'avoir une page Facebook – même peu active) ;
- ajout d'options de communication directes au profil : votre adresse e-mail professionnelle, votre numéro de téléphone ou votre adresse physique ;
- ajout de « boutons d'action » tels que « Réserver » ou « Ajouter un formulaire prospect ».

→ **Compte créateur** : plutôt réservé aux personnalités publiques et aux influenceurs.

Au fil des évolutions d'Instagram, les fonctionnalités des comptes créateur et des comptes professionnels sont devenues de plus en plus similaires. Il subsiste quelques différences.

Ce que le compte créateur a de plus qu'un compte professionnel :

→ Accès au Creator Studio pour programmer les posts.

→ La possibilité de rajouter une mention « partenariat rémunéré » en haut du post ou de la story lorsque vous mettez en avant une marque et que vous avez été payé pour le faire.

→ Le suivi quotidien du nombre de follows/unfollows pour mieux comprendre quels posts vous aident à recruter des followers.

→ Pour les reels, un accès à un catalogue de musique plus large.

Voici les limites du compte créateur :

→ Toutes les catégories d'entreprises ne sont pas éligibles au compte créateur – nous approfondissons ce point plus bas.

→ Le compte créateur ne peut pas être animé avec un outil tiers tel qu'Agorapulse, Buffer, Swello...

→ Il ne vous est pas possible de rajouter l'adresse de votre établissement.

→ Vous n'avez pas accès au bouton d'action permettant de rajouter un formulaire.

Nous vous conseillons de choisir le compte créateur si vous souhaitez développer une audience et la monétiser en faisant des partenariats avec des entreprises. Dans tous les autres cas, choisissez le compte professionnel.

Pour changer pour un compte professionnel ou un compte créateur, rendez-vous sur votre profil, cliquez sur « modifier le profil », choisissez « compte professionnel ». En fonction de la catégorie que vous choisissez, Instagram vous propose de passer à un compte créateur ou à un compte professionnel. Choisissez une catégorie correspondant à ce qu'Instagram reconnaît comme une catégorie de « créateur » – exemple « créateur digital » ou « artiste ». Si en revanche, vous choisissez « produit/service » ou « restaurant », l'option de switcher pour un compte créateur ne vous sera pas proposée.

Passer à l'action : créer votre compte

Téléchargez l'application sur votre téléphone portable puis complétez les différents écrans qui s'affichent. Une fois votre compte créé, vous pourrez très facilement le lier à votre profil ou page Facebook et transformer votre compte personnel en compte professionnel.

Bon à savoir

Si vous avez déjà créé un premier compte (personnel) et souhaitez créer un deuxième compte pour votre entreprise, rendez-vous dans l'interface de paramétrage de votre compte et sélectionnez « ajouter un compte ».

Adresse e-mail et numéro de téléphone

Une même adresse e-mail ne peut pas être utilisée pour deux comptes. En revanche, vous pouvez utiliser le même numéro de téléphone pour plusieurs comptes et ainsi administrer plusieurs comptes à partir de votre application mobile.

Choisir le bon identifiant de compte (ou « nom d'utilisateur »)

Comme sur tous les médias, cet identifiant unique permet de vous mentionner (ex : @latelierparis.fr) et définit l'URL de votre compte Instagram (www.instagram.com/latelierparis.fr).

Lorsque votre publication apparaît dans le fil d'actualité de vos abonnés, votre identifiant est rappelé. Il est donc extrêmement visible.

Trente caractères sont la longueur maximale d'un identifiant Instagram. Néanmoins, lorsque vous le choisissez, prenez en compte :

→ La cohérence avec l'identifiant utilisé sur d'autres médias. L'identifiant TikTok est limité à 24 caractères. Si vous ciblez le grand public, vous risquez à un moment ou à un autre de devoir créer un compte TikTok. Limitez-vous à 24 caractères sur Instagram également.

→ La facilité de mémorisation de votre identifiant et la proximité entre votre nom et votre identifiant. Il doit être facile à retrouver sur Instagram pour quelqu'un qui vous connaît dans la vraie vie ou qui a entendu parler de vous.

Deux choix se présentent à vous : utiliser un identifiant s'appuyant sur votre prénom et votre nom ou bien utiliser votre nom de marque. Par défaut, votre marque est le nom que vous avez intérêt à privilégier. En revanche – et c'est souvent le cas des artisans d'art par exemple – si le public vous connaît avant tout par votre prénom et nom, privilégiez un identifiant les combinant.

Exemple : La céramiste Charlotte Heurtier (@charlotteheurtierceramique) s'appuie sur son prénom et son nom et rappelle également son métier dans son identifiant. Il est un peu long mais facile à mémoriser.

Dans tous les cas, la bonne pratique est d'uniformiser vos identifiants sur l'ensemble de vos médias sociaux de manière à pouvoir, dans votre communication imprimée, rajouter un « Suivez-nous sur Instagram, Facebook... @votreidentifiant ».

Le nom de votre compte (30 caractères maximum)

Il est vu par les personnes qui consultent votre compte. Le nom de votre compte n'a pas besoin d'être unique puisque dans la vraie vie, nous pouvons avoir des homonymes. Notez que vous pouvez changer votre nom à tout moment.

Votre identifiant est...	Le nom de votre compte est...
Vos prénom et nom	Vos prénom et nom
Votre marque	**Option 1 :** Votre marque. **Option 2 :** Vos prénom et nom. Intéressant au démarrage, notamment si vous vous appuyez beaucoup sur vos contacts personnels pour lancer votre entreprise et votre compte Instagram. Ils ne connaîtront peut-être pas encore bien votre marque et c'est le relationnel que vous entretenez avec eux qui leur donneront envie de vous suivre.

Lier votre compte avec votre profil ou votre page Facebook

Si vous avez un compte Instagram professionnel, le lier à votre page Facebook vous permet d'accéder aux fonctionnalités d'achats publicitaires et de programmation des publications. Ne vous en privez-pas !

Personnaliser votre compte

Recruter des abonnés de qualité pour votre compte reste probablement le plus gros challenge sur Instagram. Mettez toutes les chances de votre côté en choisissant la bonne photo, en travaillant votre bio, vos stories « à la une » et votre timeline...

La photo de votre compte

Elle vous représente dans le fil d'actualité de vos contacts. Assurez-vous donc de la lisibilité en petit format de l'image que vous choisissez. Parmi les images que l'on retrouve souvent et qui fonctionnent sur Instagram : votre logo, des créations reconnaissables, une photo de vous, etc. Lors du lancement de votre compte, choisissez l'image qui va être le plus facilement reconnaissable par les personnes que vous connaissez déjà.

CONSEILS PRATIQUES

> Soyez cohérent. Si votre compte est à votre nom, privilégiez une photo de vous.

> Il est préférable d'utiliser la même photo sur tous les médias sociaux.

La bio de votre compte

Ce texte de 150 caractères vous aide à attirer de nouveaux abonnés. Vous pouvez le centrer sur :

→ Votre offre de produit ou de service en mettant l'emphase sur ce que vous apportez à vos clients.

→ Les sujets qui vous intéressent et qui font l'objet de publications.

→ Une présentation de qui vous êtes.

CONSEILS PRATIQUES

> Faites-la évoluer dans le temps si nécessaire.

> Regardez d'autres comptes et n'hésitez pas à vous en inspirer.

> Organisez votre texte avec des émojis et des « retours à la ligne » pour le rendre plus facile à lire.

> Option : ajouter des hashtags.

Exemples de bio de comptes

Centrée sur	Exemples
L'offre de produit ou de service	@julia_atelierjoi Cabinet d'architecture d'intérieur Vous aider à vous sentir bien chez vous Déco | Plans | Rénovation | Suivi de chantier Paris 16 et environs Entraide archi + site Internet
Les sujets qui font l'objet de publications	@Roole_fr Automobile, transition, roadtrips & lifestyle. Découvrez notre média !
Vous	Exemple 1 : @eric.hibelot ceramist burgundy #porcelaine #porcelainecontemporaine #porcelain #ceramique #ceramic #couleurs #colors Exemple 2 : @lareguliere Librairie ★ café ★ galerie ★ ateliers 43 rue Myrha ★ Paris XVIII Mardi > Samedi ★ 10h>19h Dimanche ★ 14h>19h [↓] NEWSLETTER [↓]

Français ou anglais ?

Si vous visez une clientèle internationale, n'hésitez pas à produire ou bien une bio en français et en anglais, ou tout simplement à vous concentrer sur une version en anglais.

Lien visible sur votre profil

L'URL placée dans votre profil sous votre bio est la seule URL cliquable sur votre profil. Choisissez donc une URL réellement utile pour vous et n'oubliez pas que vous pouvez la modifier aussi souvent que vous le souhaitez.

Si vous avez envie de mettre en avant plusieurs URL, utilisez un outil tel que linktr.ee. Il vous permet de créer une « page » dans laquelle vous pourrez mettre en avant de manière illustrée plusieurs liens : votre site Internet, votre page Facebook, l'url d'une vidéo que vous trouvez intéressante ou qui parle de vous...

Les stories à la une

Les éléments visuels d'une story sur Instagram comme sur Snapchat disparaissent au bout de 24 heures. Néanmoins, il est possible de créer, modifier, enrichir une story à la une. Cette story reste accessible directement sur votre compte.

CONSEILS PRATIQUES

> Paramétrez votre compte pour que vos stories soient enregistrées « dans l'archive ». Vous pourrez ainsi créer des stories à la une à partir de stories déjà publiées et enrichir une story à la une déjà créée.

> Rajoutez une vignette pour donner une uniformité à vos stories à la une.

> Rajoutez titre et/ou symbole pour que les utilisateurs comprennent immédiatement l'intérêt pour eux de consulter ces stories.

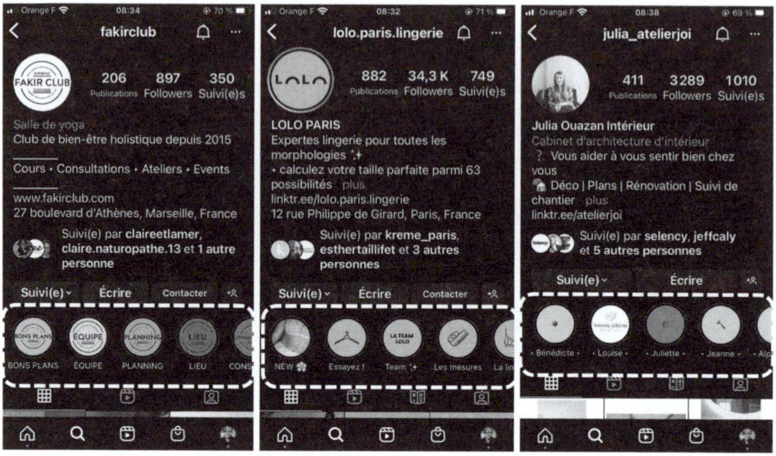

Dans ces 3 exemples, 3 manières d'éditer les stories à la une :

→ @fakirclub : met à disposition des informations pratiques telles que planning et les coordonnées de ses intervenants (story « équipe »).

→ @Lolo.paris.lingerie : des stories pour mettre en valeur les points de différenciation de cette entreprise (lingerie presque sur mesure).

→ @julia_atelierjoi : architecte d'intérieur, Julia partage ses projets. Elle donne un prénom par projet pour préserver l'anonymat de ses clients.

TÉMOIGNAGE

Claire Baaklini, responsable de la communication du Fakir Club, club de bien-être holistique à Marseille

Le planning de cours du club change régulièrement. Nous avons créé une story à la une que nous mettons à jour régulièrement. Une photo par jour de la semaine pour faciliter la navigation. Nous avons adopté la même logique pour la présentation de l'équipe qui elle aussi peut marginalement évoluer dans le temps.

Votre timeline

Les publications que vous avez déjà partagées donnent une indication forte de l'intérêt de s'abonner à votre compte. Lorsque vous lancez votre compte, publiez entre 6 et 9 contenus avant de commencer à communiquer sur votre compte. Ces contenus vont permettre à votre audience potentielle de comprendre ce qu'ils vont pouvoir trouver en s'abonnant à votre compte.

TÉMOIGNAGE

Claire Baaklini, responsable de la communication du Fakir Club, club de bien-être holistique à Marseille

Quand nous avons remis à plat le compte Instagram du club, nous avions à cœur de conquérir des abonnés de qualité et de modifier notre mode de communication pour éviter sur-promesse et langage emphatique. Nous sommes par exemple dans le bien-être et pas dans le soin, nous recherchons à valoriser le sérieux de nos intervenants. En regardant l'existant sur le compte, nous nous sommes rendu compte que certains contenus partagés ne correspondaient pas à l'image que nous voulions projeter. Nous les avons simplement supprimés.

Définir votre ligne éditoriale

Un compte actif sur Instagram publie très régulièrement des publications dans le feed et des stories. Si vous ne réfléchissez pas en amont aux thèmes des publications que vous souhaitez partager, vous n'arriverez pas à maintenir le rythme adéquat. Sur Instagram, la régularité est récompensée.

Votre ligne éditoriale doit comprendre trois parties :

→ le rappel de qui est votre cible prioritaire et quel est votre objectif de communication ;

→ les thèmes des photos, vidéos, reels que vous voulez partager ;
→ le style, le ton visuel que vous souhaitez donner à votre contenu.

Il n'y a bien évidemment pas de ligne éditoriale type qui fonctionne pour tous les comptes. Votre ligne éditoriale dépend de votre cible de communication, de votre activité, de votre objectif de communication... et de votre personnalité.

Définir votre cible prioritaire et votre objectif de communication

→ Vos publications fonctionneront si votre cible de communication les trouve intéressantes. Donc avant de lister les points sur lesquels VOUS souhaitez communiquer, posez-vous la question de ce qui intéresse votre audience, votre cible de communication.
→ Quelles questions se posent-ils ? Qu'est ce qui les inspire ? Quels sont leurs codes visuels, leurs références culturelles ? Qu'est-ce qui les fait rire ou sourire ? Pourquoi, quand, comment utilisent-ils Instagram ? En bref, rentrez dans le cerveau de votre cible de communication pour concevoir le contenu le plus engageant[1].
→ Une fois le travail de cible défini, écrivez votre objectif prioritaire. Souhaitez-vous avant tout fidéliser vos clients (les faire racheter, revenir chez vous, vous recommander), vous faire connaître de nouveaux clients, faire acheter vos produits par vos followers ? L'objectif prioritaire poursuivi détermine le contenu que vous partagez, la manière dont vous animez votre compte et aussi le recours nécessaire ou pas aux campagnes publicitaires pour atteindre votre objectif.

1. Cet exercice s'appelle définir une *personae*, retrouvez en ligne un exemple de *personae* (voir QR Code en page 4).

TÉMOIGNAGE

Mélissa Perraudeau, co-fondatrice de LOLO PARIS

Nous sommes une jeune marque de lingerie adaptée à toutes les morphologies puisque nous offrons trois fois plus de tailles que les marques traditionnelles. Un de nos principaux messages reste que les femmes ne portent souvent pas la bonne taille ou forme de soutien-gorge ce qui génère de l'inconfort pour elles. Donc en pensant à nos clientes cibles, nous pensons avant tout à une « douleur » commune plutôt qu'à une tranche d'âge.

Choisir les thèmes des publications

Les thèmes de vos publications varient également en fonction de votre secteur d'activité.

Exemple : thèmes de publication pour un restaurant

Thèmes	Idées de publication
Les plats	Des photos des plats sont essentielles. Faites attention à la photo elle-même, elle doit donner envie à votre public Instagram de l'aimer ou bien de la commenter. La qualité de la photo, l'esthétique du plat et de son contenant sont clés. Sous-thème : changements de la carte, nouveaux plats...
En cuisine	Un peu les coulisses de l'exploit. Des photos ou reels mettant en scène l'équipe qui travaille. Ne pas hésiter à raconter une petite histoire sur eux dans la légende ou à les faire parler dans un reel. Vous voulez créer de la proximité avec vos clients.
Les ingrédients	Mettre en avant des ingrédients, des petits producteurs partenaires... Tout ce qui permet de renforcer l'image que vous-voulez donner de votre restaurant.

Thèmes	Idées de publication
Photos prises par les clients	Re-poster dans votre feed des photos prises par des clients dans votre restaurant et partagées sur Instagram. Dans ce cas, demandez leur l'autorisation et n'oubliez pas de les créditer. C'est aussi un matériel précieux dans les stories puisque vous pouvez y reposter très facilement des publications d'autres comptes. Dans ce cas, inutile de demander l'autorisation puisque c'est la publication de votre client dans son intégralité qui sera repartagée.
Décoration et environnement du lieu	Des photos de votre restaurant lui-même si les éléments de décoration y sont importants.
Autour de votre univers	Toujours autour de la décoration – si elle est importante pour vous – pourquoi ne pas partager des univers de décoration qui vous inspirent en expliquant le lien entre la photo et le restaurant ?
Les événements	Annoncer des événements qui peuvent avoir lieu dans votre restaurant ou à proximité directe.
Les retombées presse	Un magazine cite le restaurant, prenez la couverture du magazine en photo et partagez-la sur Instagram en rajoutant un cartouche pour « Ils parlent de nous ». Donnez quelques détails dans la légende.

Lorsque vous documentez votre ligne éditoriale, vous pouvez également rajouter une colonne pour définir les fréquences des publications. Notamment, les fréquences aux extrêmes, fréquence maximale ou fréquence minimale d'un thème ou type de publication. En effet, sur ce réseau vous pouvez vous permettre de temps en temps une publication à caractère commercial mais mieux vaut ne pas en abuser.

Autre exemple de publication pour une boutique de petits objets déco

→ Les nouveautés.

→ Les changements de vitrine.

→ Les événements que vous organisez.

→ Les promotions et périodes de soldes.

→ Des changements dans les horaires d'ouverture.

→ Les événements auxquels vous participez pour trouver des objets (ex : vous vous rendez à Maison et Objet, partagez quelques photos sur les tendances).

→ L'équipe qui anime la boutique.

TÉMOIGNAGE

Julia Ouazan, architecte d'intérieur

J'ai réfléchi en amont aux sujets que je voulais partager sur mon compte Instagram. Ce compte m'aide à rester à l'esprit de mes clients, des personnes que je rencontre et aussi à être connue de nouveaux clients potentiels. La règle absolue que je me suis fixée est de publier du contenu qui les intéresse et qui les inspire.

Quand je me suis lancée, j'ai défini plusieurs thématiques de publications : les iconiques (design), les tips déco, les perspectives 3D (toujours bluffantes), le suivi de chantier (je n'hésitais pas à poser des questions à mon audience pour rendre les publications plus engageantes). Avec le temps et l'évolution de mon activité, j'ai maintenant suffisamment de matière pour animer mon feed avec mes réalisations.

Retrouvez en ligne (voir QR Code en page 4) d'autres exemples de lignes éditoriales, notamment celle d'un professeur de yoga, et celle d'un artisan d'art ainsi qu'un tableau Excel que vous pouvez utiliser pour documenter votre ligne éditoriale.

TÉMOIGNAGE

Mélissa Perraudeau, co-fondatrice de LOLO PARIS

Nous avons pensé notre compte Instagram comme un outil de fidélisation et d'engagement de notre communauté. Nous y partageons régulièrement du contenu éducatif sur le choix ou l'entretien de sa lingerie, nous faisons participer la communauté à la cocréation de nos nouveaux modèles et nous les écoutons vraiment. Leurs choix et avis ont un réel impact sur les modèles que nous développons. Nous prenons le temps également de répondre à tous les messages que notre communauté nous envoie. Et depuis le lancement, le résultat est là, Instagram est pour nous la première source de clientes.

Le style, le ton visuel

Avant de prendre la décision de vous suivre, les utilisateurs vont regarder votre compte Instagram. Le nombre de photos partagées et surtout l'intérêt, la qualité de vos photos et reels leur permettent de choisir de vous suivre ou non. Pour rendre leur compte plus attractif, certains instagrammers n'hésitent pas à choisir des codes visuels très marqués et reconnaissables. D'autres définiront une manière de prendre les photos (ex : produit sur fond de couleur ou bien « flatlay[1] »). D'autres encore choisiront des couleurs dominantes pour leur compte. Vous pouvez également choisir la police de caractères et la mise en forme des textes que vous rajoutez sur vos photos. Figer ces éléments dans votre ligne éditoriale peut être un plus.

1. Photo prise de haut et regroupant plusieurs éléments décoratifs et produits pour former un ensemble. Si vous cherchez des exemples de « flatlay » ou « TopShot », le plus simple est de faire une recherche dans Pinterest. Vous trouverez de nombreux exemples pour vous inspirer.

AVIS D'EXPERT

Julie Guertin, business mentor, fondatrice La Cordée Digitale

Est-il important de maintenir une harmonie et cohérence parfaite entre toutes les publications du feed ?

C'est bien d'avoir une harmonie dans son feed pour convaincre la personne qui nous a découvert de s'abonner à notre compte. Mais, il est également important de ne pas s'enfermer dans la recherche absolue du feed parfait.

Nos photos, reels et carrousel sont vus voire découverts au milieu de toutes les autres publications. Il est donc essentiel que nos contenus soient immédiatement compréhensibles et puissent arrêter le scroll de l'internaute. Souvenons-nous que nous parcourons plus de 200 mètres quotidiennement sur nos écrans de portable.

Créer vos premières publications

Trois emplacements sont à votre disposition pour accéder à la création de contenus sur Instagram :

→ **Option # 1** : de l'écran d'accueil, cliquez sur le « + » en haut à droite. Sélectionnez ensuite le type de contenu que vous voulez produire : publication, story, reel, en direct (pour les lives).

→ **Option # 2** : swipez vers la droite à partir de l'écran d'accueil (= faites glisser votre écran de la gauche vers la droite). Vous trouvez le même écran que dans le cas précédent.

→ **Option # 3** : à partir de votre écran de profil, cliquez sur le « + ». Sur cet écran, vous pouvez en plus des contenus cités précédemment créer un « guide » ou une « collecte de dons ».

CONSEILS PRATIQUES

> Amusez-vous à tester différents effets et fonctionnalités.

> N'hésitez pas à supprimer vos premiers contenus s'ils ne vous conviennent pas. Vous lancerez le recrutement une fois que vous aurez posté 6 à 9 publications.

> N'essayez pas de créer un feuilleton teasing au lancement de votre compte. Vos publications seront noyées dans un océan de publications donc l'effet teasing ne sera pas compris.

Créer une publication du feed

À partir de votre téléphone portable, vous pouvez :

→ Prendre la photo ou capturer la vidéo directement dans l'application Instagram. Vous pourrez ensuite la corriger, rajouter des filtres et ensuite légende et géolocalisation.

→ Partager une ou des photos ou vidéo stockées dans la galerie photo de votre téléphone portable. Si vous en sélectionnez plusieurs, Instagram créera automatiquement un post « carrousel » (pour voir les photos suivantes, l'utilisateur doit swiper de droite à gauche).

À noter, dans votre album photo, les photos sont classées par ordre ante-chronologique. Si la photo que vous souhaitez partager a été prise il y a longtemps, il est plus simple de la repartager sur Instagram à partir de votre album plutôt que d'essayer de le faire dans l'application.

→ Partager une photo ou vidéo créée dans une application tierce telle que Canva. Ces applications permettent le partage direct sur Instagram. Il en va de même pour CapCut qui permet facilement de créer des reels pour Instagram.

À partir de votre ordinateur :

Partager une photo ou une vidéo qui est dans votre ordinateur. Lorsque vous activez Instagram sur votre ordinateur, il vous suffit de cliquer sur « + » Créer. Il vous sera proposé d'importer photo ou vidéo. À noter, sur ordinateur, vous ne pouvez pour le moment créer que des publications mais pas de stories.

Créer une story

Choisissez le format de publication « story » et commencez à créer. Vous pouvez capturer une vidéo, prendre une photo, rajouter une photo ou une vidéo de la galerie de votre téléphone mobile. Une fois le média produit, vous pouvez l'enrichir en rajoutant texte, dessin, filtres et effets et surtout des stickers.

CONSEILS PRATIQUES

> Pas inspiré ? Commencez à créer vos premières stories en repartageant des publications qui vous inspirent. Il vous suffit de cliquer sur le symbole de la flèche sous une publication.

> Rajoutez sticker et texte pour l'enrichir.

Les stickers permettent un réel engagement sur la publication. Parmi ceux qui sont les plus utilisés :

→ « Lien » : il permet de rajouter un lien vers une page Internet ;

→ « Sondage » : pour créer de l'interaction avec votre audience ;

→ « Musique » : pour rajouter une musique dont Instagram gère les droits ;

→ « Position » : pour géolocaliser votre publication.

Une story étant un fragment de contenu visible pendant 24h, vous pouvez l'enrichir au fil de la journée. Enfin, il est également possible de sauvegarder des éléments de stories pour créer ou enrichir les stories à la une.

TÉMOIGNAGE

Julia Ouazan, architecte d'intérieur

Les stories à la une sont idéales pour documenter les chantiers et projets que j'ai réalisés. Pour préserver la confidentialité de mes clients, je leur ai donné des prénoms qui n'ont rien à voir avec le nom des clients et ensuite, je les organise pour rentrer dans une logique de storytelling.

Je n'hésite pas à donner des détails tels que les choix de couleurs que j'ai faits en leur montrant les deux options auxquelles j'avais pensé. Je montre des photos avant/après, je fais un gros plan sur certains détails déco. Mon objectif est de vous faire entrer dans mon univers.

Créer un reel

Inspiré, vous avez envie de créer votre premier reel. Il vous suffit de sélectionner « Reel » comme type de publication.

Un reel se construit en trois principales étapes :

→ La production des contenus constituant le reel.

→ Le montage de ce dernier. Dans cette partie vous pouvez réorganiser vos séquences.

→ L'ajout ou pas de musique. Comme pour les stories, c'est Instagram qui gère les droits de ces musiques donc vous pouvez les utiliser sans crainte.

Attardons-nous sur la première étape.

Vous pouvez créer vos contenus (photos ou vidéos enrichies) dans l'application ou préparer des éléments visuels en amont puis les importer dans votre reel ou bien utiliser une application tierce telle que Capcut pour les produire.

Enfin, avec les reels, le plus difficile reste de les éditer. Quelle histoire voulez-vous raconter ? Quel message voulez-vous transmettre ? Par quoi allez-vous commencer votre reel pour convaincre l'utilisateur de le regarder jusqu'au bout ?

CONSEILS PRATIQUES

> N'oubliez pas de rajouter une vignette si vous publiez votre reel dans votre feed autrement la publication sera un carré noir.

> Nourrissez-vous de reels produits par d'autres pour bien comprendre ce medium.

> Pour utiliser des modèles de reels, allez sur l'onglet « Reel » et cliquez sur le symbole de la caméra.

AVIS D'EXPERT

Julie Guertin, business mentor, fondatrice La Cordée Digitale

Quels sont les formats à privilégier sur Instagram ?

Même s'il est actuellement intéressant de créer régulièrement reels et carrousels – formats actuellement favorisés par l'algorithme d'Instagram – je recommande à mes clients de varier les formats de contenus. Ne serait-ce que parce qu'ils se complètent en termes d'objectif. Pour simplifier à l'extrême, le carrousel permet de créer de l'engagement en incitant les utilisateurs à cliquer pour voir l'image suivante, le reel d'être découvert, la story de créer de la proximité avec ses abonnés.

L'essentiel

Instagram est avant tout un média d'image et de notoriété : images et liens inclus dans les légendes ne sont pas cliquables.

Le compte professionnel à privilégier pour les entreprises car plus riche en fonctionnalités que le compte individuel.

L'identifiant doit être en cohérence avec vos éléments de communication et facile à mémoriser.

Tous les éléments du profil peuvent être travaillés pour donner envie de vous suivre (photos, bio, publications, stories à la une…).

Définir sa ligne éditoriale : exercice indispensable pour animer efficacement son compte.

Vers un plan d'action

- Commencez à vous familiariser avec cet outil en créant un compte et en suivant des instagrameurs actifs dans votre secteur d'activité, sur vos thématiques ou plus généralement qui vous inspirent par la qualité de leurs contenus.
- Analysez les publications pour lesquelles ils recueillent le plus de réactions, commentaires ou likes.
- Créez votre compte professionnel et associez-le à votre page Facebook si vous voulez pouvoir programmer facilement vos publications.
- Définissez votre ligne éditoriale en réfléchissant aux sujets qui font sens pour votre cible de communication.
- Amusez-vous à créer vos premiers contenus.

3

Publier efficacement sur Instagram

« La notoriété, c'est comme de manger des cacahuètes : quand on commence, on ne peut plus s'arrêter. »

ANDY WARHOL

Objectifs

- Faire émerger ses publications.
- Utiliser les hashtags.
- Réussir ses stories.
- Créer des réels.
- Engager avec les lives.

Une fois votre compte créé, le plus dur reste à faire : l'animer régulièrement en publiant des contenus intéressants pour vos cibles de communication. Des contenus suffisamment utiles, émouvants ou divertissants pour qu'ils réagissent, commentent, repartagent ou plus prosaïquement ralentissent leur scroll. Car sur Instagram comme sur tous les médias sociaux l'engagement est roi et sur cette donnée, l'algorithme décide de la visibilité de vos publications.

Faire émerger ses publications

Sur Instagram, comme sur tout réseau social, un algorithme sélectionne les publications qui apparaissent sur le fil d'actualité de vos abonnés.

Comprendre l'algorithme du fil d'actualité d'Instagram

Instagram pousse dans VOTRE fil d'actualité du contenu susceptible de VOUS intéresser. Nous avons passé en capitale les mots VOTRE et VOUS tout simplement parce que l'algorithme choisit les publications susceptibles de **vous** intéresser. Aucun des 2 milliards d'utilisateurs d'Instagram dans le monde n'a le même fil d'actualité.

En simplifiant à l'extrême, pour faire sa sélection, l'algorithme prend en compte l'engagement que vous avez eu dans le passé avec un compte et ses publications ainsi que l'engagement de l'ensemble de la communauté Instagram à cette publication et aux précédentes publications de ce compte. L'algorithme identifie également les thèmes de publications qui vous intéressent et s'en sert pour choisir ce que vous voyez.

Actions considérées par l'algorithme comme une marque d'intérêt de l'internaute :

→ Dans la légende, les clics sur le « plus » pour voir l'intégralité du texte.

→ Les clics pour visualiser les photos d'un carrousel.

→ Les likes et les commentaires sur une publication.

→ Le clic pour aller voir le profil et ensuite scroller sur la *timeline* du compte.

→ L'enregistrement d'une publication dans une collection.

→ La republication dans une story ou bien l'envoi d'une publication à un contact.

→ La visite de l'onglet « reel » d'un compte.

→ Le fait de revoir un reel.

→ Le temps passé sur la publication.

L'algorithme prend également en compte les actions négatives à l'égard d'une publication ou d'un compte. Lorsque plusieurs personnes masquent ou signalent une publication, l'algorithme « dégrade » la note de la publication et du compte émetteur.

L'algorithme regarde également les formats de publication que vous préférez. Si vous êtes friand de carrousels, il y a de fortes chances pour que vous en voyez de plus en plus. Instagram peut également favoriser de nouveaux formats pour des raisons purement stratégiques. Actuellement, les reels bénéficient d'une préférence d'Instagram parce qu'ils permettent de contrer TikTok. Les carrousels ont également le vent en poupe tout simplement parce qu'ils vous invitent à passer plus de temps sur une publication.

Enfin, les moments de publication jouent également un rôle. Lorsque vous ouvrez l'application ou rafraîchissez votre feed,

Instagram sélectionne de nouveaux contenus parmi ceux qui viennent d'être publiés ou les contenus qui ont enregistré un fort engagement. Il est donc essentiel d'analyser les moments de connexion de vos abonnés pour publier au bon moment.

Choisir les éléments visuels

Dans cette partie, nous nous concentrons sur les photos et nous nous attarderons plus tard sur la production de reels.

Instagram est connu pour la qualité visuelle de son contenu. Nous sommes loin ici de la spontanéité qui règne sur TikTok. Optez pour des images travaillées, filtrées, recadrées. Utilisez des outils externes tels que Canva ou les filtres et retouches proposés par Instagram.

Si vous présentez des produits, mettez-les en situation pour les valoriser. Le produit seul ne fait pas rêver et ne donne pas une belle photo Instagram. Enfin, n'oubliez pas que les photos avec des éléments humains sont souvent plus attractives.

CONSEILS PRATIQUES

> Faites-vous l'œil en passant un peu de temps sur Instagram avant de vous lancer.

> Enregistrez les visuels que vous trouvez intéressants pour pouvoir les étudier par la suite et vous en inspirer.

> Lorsque vous prenez vos photos, faites attention aux détails : lumière, cadrage arrière-plan, éléments parasites…

Travailler la légende

Par manque de temps ou d'inspiration, vous pouvez être tenté de simplement poster une belle photo et de négliger la légende. Ce serait une erreur, ne serait-ce que parce que cliquer sur le « plus » pour voir la suite de votre texte est une première forme d'engagement prise en compte par l'algorithme. Vous avez jusque 2 200 caractères pour vous exprimer, profitez-en !

Attention aux premiers mots, ils doivent donner envie d'aller plus loin dans la lecture.

Vous pouvez par exemple commencer par une question. Traverse School @traverses.school, une école de créativité, partage une série de visuels « 4 conseils pour optimiser votre créativité » et demande dans la première phrase de sa légende « Votre conseil préféré ? »

Ensuite, plusieurs options s'offrent à vous :

→ Le texte descriptif est adapté quand vous voulez donner des explications additionnelles sur un produit présenté par exemple.

C'est ce que la créatrice de bijoux Juliette Taktouk, sur le compte @juliette_taktouk, fait lorsqu'elle partage une photo d'une de ses créations accompagnée de cette légende :

« c o l l e c t i o n
f l a m b o y a n c e
a r g e n t 9 2 5

Bagues et bracelet en argent brossé, réalisés entièrement à la main. Aucune pièce n'est moulée, elles sont toutes uniques. Comme vous ! 😊 »

→ Le storytelling, beaucoup utilisé sur Instagram, fonctionne s'il est sincère, empreint d'authenticité. Il permet d'une part de retenir l'attention du lecteur et d'autre part de créer de la proximité.

C'est ce que fait la céramiste Anne-Laure Charlier @annelaurecharlie dans un de ses posts.

« Changement d'échelle. Je trouve une telle joie à mettre mes personnages dessinés en 3D et de varier les formats je crois que je pourrais jouer longtemps sur cette voie.

Je ne sais pas ce que vous en pensez n'hésitez pas à me le dire, ce n'est pas si simple de prendre du recul quand on démarre (avec beaucoup d'enthousiasme 😁) des pièces nouvelles.

En attendant la couleur. patience patience patience... Je décore sur sec ce qui étonne souvent mais le côté aquarellé je l'obtiens sur terre sèche et ces pièces plus grandes ont besoin de temps. Bonne soirée à vous ».

→ Les trucs pratiques, les astuces, les conseils, les recettes... La valeur d'utilité prime pour ce type de contenus où les abonnés cherchent une information précise.

Julia Ouazan, architecte d'intérieure, @julia_atelierjoi, n'hésite pas dans ses descriptions à indiquer la provenance des meubles et accessoires que l'on retrouve dans ses projets.

Voici un exemple de légende d'un de ses posts :

« Composer un espace avec des couleurs, des matières différentes mais que l'ensemble forme un tout... pas toujours évident... Ici la suspension en cannage de @marketsetofficiel vient sublimer la table en bois @laredouteinterieurs et la faïence casalux apporte une touche minéral au bar avec une touche de couleur par les tabourets @haydesign qui rappellent l'entrée, tout un programme ! »

→ Si le texte que vous produisez est un peu long, alors organisez-le en paragraphes courts et ajoutez des sauts de ligne. N'oubliez pas qu'il sera vu sur un écran de mobile. Enfin, des émojis permettent aussi d'organiser le texte et de créer de la proximité avec vos lecteurs.

→ Si c'est pertinent, rajoutez à la fin de votre texte un appel à l'action.

Vous pouvez tout à fait demander leur avis à vos abonnés, un témoignage, une réaction, de taguer quelqu'un en commentaire...

Voici un autre exemple de la céramiste Anne-Laure Charlier, propriétaire du compte @annelaurecharlie :

« NEWS

J'aimerais programmer un live jeudi soir, je pensais vers 20 h. Ce sera un moment d'échange, de papoterie, de tour d'atelier... Je vous montrerai également les pièces qu'ils me restent que vous pourrez si vous le souhaitez réserver en direct. (je vous expliquerai tout).

Dites-moi en commentaire si cette idée vous tente ? je parlerai en français dans ce 1er live cette idée de se connaître un peu mieux me rend très joyeuse en tout cas. »

→ Par ailleurs, puisqu'il n'est pas possible de mettre un lien cliquable dans la légende, n'hésitez pas à rajouter « cliquez sur le lien dans la bio » si vous souhaitez par exemple que le lecteur de votre poste visite votre site Internet.

→ Pour finir, rajoutez des hashtags. Nous verrons dans la suite du livre comment les choisir. Mentionnez d'autres comptes, ou bien dans la légende ou bien en les taguant directement sur la photo partagée. C'est un excellent moyen d'attirer l'attention sur votre publication de personnes qui y sont associés – des collaborateurs ou partenaires par exemple.

AVIS D'EXPERT

Émilie Marquois, consultante médiaux sociaux | membre de La Brigade du Web

Avez-vous des conseils simples pour optimiser une légende sur Instagram ?

Ne mettez pas trop de texte. Sauf exception, ça ne sert à rien. Et surtout, ne négligez pas l'impact visuel de la légende. Je recommande de mettre les hashtags à la fin du post et de les isoler par des points/retours à la ligne. Attention aux hashtags que l'on choisit. Rajouter des hashtags populaires en anglais quand notre communauté est essentiellement francophone est souvent contre-productif. Là où auparavant l'utilisation des 30 hashtags auxquels nous avions droit était la norme, des études ont montré qu'il était préférable de se limiter à une dizaine de hashtags. Enfin, les émojis permettent de rendre le post plus sympa.

Géolocaliser sa publication

Il est possible sur Instagram de géolocaliser ses photos. Les utilisateurs peuvent ensuite faire une recherche sur un lieu pour voir d'autres photos prises au même endroit. Géolocaliser vos photos augmente les chances pour que vos photos soient découvertes.

Votre usage de la géolocalisation va ensuite dépendre de qui vous êtes.

→ Si vous avez un lieu pour accueillir vos clients (restaurant, hôtel, boutique, atelier d'artiste...), créez votre propre lieu. Incitez vos clients à géolocaliser leurs photos prises chez vous en leur montrant l'exemple. Cela permet à votre lieu d'être connu des abonnés de vos clients.

→ Sans lieu de réception, géolocalisez les photos tout simplement pour qu'elles soient découvertes par d'autres instagrameurs. En utilisant l'outil de recherche de lieux, ils pourront tomber sur votre publication et ainsi découvrir votre compte. Vous visitez un salon ou participez à un événement, taguez les lieux sur vos photos.

CONSEILS PRATIQUES

> Pour géolocaliser votre photo, vous devez activer la géolocalisation sur votre téléphone portable.

> Il est possible de créer votre propre lieu en passant par Facebook (utile si vous avez un restaurant ou une boutique).

Publier au bon moment

Adoptez une fréquence de publications du fil adéquate

Sur Instagram, vous pouvez théoriquement publier autant de fois que vous le souhaitez. En revanche, ce qui est essentiel, c'est qu'une fois votre fréquence de publication choisie (une fois/jour ou bien 2 fois/semaine), vous vous y teniez. Il y a sur Instagram une prime à la régularité. Cette nécessité rend encore plus importante la création d'une ligne éditoriale et d'un planning éditorial pour tenir dans la durée. N'hésitez pas aussi à vous appuyer sur l'outil Meta Business Suite pour programmer vos publications.

TÉMOIGNAGE

Pascale Weeks, autrice culinaire et créatrice de contenus culinaires sur Instagram et sur son blog

J'ai doublé ma communauté en faisant régulièrement des reels alors qu'auparavant l'essentiel de mes publications consistait en des photos des plats que j'avais réalisés. Ma communauté continue de progresser quantitativement et qualitativement mais c'est à l'augmentation du nombre de publications hebdomadaires que je le dois. Je suis maintenant à 5 publications par semaine et je m'y tiens. La régularité sur Instagram est essentielle.

Choisissez les horaires pertinents pour votre cible

Attention aux chiffres que vous voyez sur Internet, ils sont très souvent basés sur des statistiques obtenues aux États-Unis. Or, là-bas, les community managers de comptes Instagram doivent travailler sur 3 voire 4 fuseaux horaires avec des modes de vie sensiblement différents des nôtres.

Les meilleurs jours et horaires de publication restent donc ceux pendant lesquels votre audience est la plus active. Dans la partie statistique de votre compte Instagram, cliquez sur « Total des followers ». Vous y trouvez des statistiques associées à l'audience dont les « heures et jours où vos abonnés sont les plus actifs ». Il ne vous reste plus qu'à choisir vos meilleurs moments de publication.

AVIS D'EXPERT

Julie Guertin, business mentor, fondatrice La Cordée Digitale

Concernant les horaires de publication, quels conseils avez-vous à nous donner ? Quelles erreurs éviter ?

Je m'appuie évidemment beaucoup sur les statistiques mises à disposition par Instagram et ensuite je teste. Je me remets en question régulièrement sur ce point car il est essentiel au succès d'une publication. L'engagement généré dans les deux premières heures suivant la publication est tellement important pour l'algorithme que publier au mauvais moment est réellement délétère. Je complète l'attention aux horaires par d'autres tactiques pour attirer l'intérêt sur les publications de mes clients, susciter les réactions et lancer l'effet « boule de neige ». Enfin, lorsque je programme mes publications via Meta Business Suite, je ne me fie pas aveuglément aux suggestions faites par l'outil, elles me paraissent trop souvent un peu fantaisistes.

Interagir avec sa communauté

Instagram est un média social, ne négligez pas ce dernier aspect. Cela signifie que lorsque vous publiez, restez en veille, rebondissez sur les commentaires, répondez aux messages que vous recevez. Ce temps passé est le prix à payer pour une communauté engagée et pérenne.

TÉMOIGNAGE

Mélissa Perraudeau, co-fondatrice de LOLO PARIS

Nous répondons à tous les commentaires. C'est important pour nous de montrer à notre communauté que l'on voit leurs commentaires, que l'on y fait attention, qu'ils nous font plaisir. Il y a aussi un effet boule de neige. Le fait que nous répondions donne encore davantage envie de participer à la conversation.

La proximité que nous créons sur Instagram est essentielle pour nous parce que nos clientes participent à la vie de l'entreprise. Nous n'hésitons pas à leur demander leur avis sur les futurs modèles et à rentrer dans une logique de cocréation avec elles.

Enfin, l'engagement de notre communauté Instagram est aussi la raison pour laquelle nous avons massivement investi sur ce média.

TÉMOIGNAGE

Anne-Laure Charlier, céramiste

C'est difficile pour moi de donner des conseils parce que j'ai une approche assez intuitive d'Instagram. Je réponds régulièrement aux commentaires sur mes publications, je commente les publications d'autres personnes. Pour moi cette véritable interaction permet à une affinité de se créer. Je fais également attention au ton que j'emploie, très positif. Enfin, même dans mon anglais limité, je poste et je réponds en anglais puisqu'une partie de mes abonnés et des personnes qui voient mes posts sont à l'étranger.

Utiliser les hashtags

Les hashtags dans Instagram

Les hashtags, ou mots dièses, sont un groupe de mots ou un simple mot qui suit le symbole #. Initialement développés par Twitter, ils sont maintenant utilisés dans tous les médias sociaux et les instagrameurs en sont très friands.

Lorsque vous voyez un hashtag sur Instagram, en cliquant dessus vous accédez à une sélection de publications dans lesquelles ce même hashtag apparaît que vous soyez ou non abonné au compte. Il suffit qu'il ait été rajouté dans la « légende » de la publication ou bien dans un commentaire pour que la publication apparaisse.

Les utilisateurs d'Instagram peuvent s'abonner à des hashtags, ils verront alors une sélection de publications en contenant apparaître dans leur feed. L'algorithme d'Instagram s'appuie également sur les hashtags pour sélectionner les contenus suggérés dans votre feed et les reels proposés dans l'onglet Reels.

Nombre maximum de hashtags par type de contenu :

Type de contenu	Nombre maximum de hashtags
Publication du feed	30
Story	10
Reels	30

Attention, cependant aux choix de vos hashtags, ce n'est pas parce que vous pouvez rajouter 30 hashtags à vos publications que vous devez le faire. Une publication contenant

5 hashtags bien choisis sera beaucoup plus efficace qu'une publication en contenant 30 et essayant de « tout attraper ». L'algorithme d'Instagram prend cette saturation de hashtags pour du spam.

Choisir les bons hashtags

Dans Instagram, plusieurs typologies de hashtags cohabitent. Pour vous simplifier la vie, créez une liste de hashtags de référence et adaptez-les en fonction de la publication que vous partagez. En effet, les hashtags choisis doivent être cohérents avec le contenu partagé.

Hashtags de marque

Le nom de votre entreprise, le nom de votre produit (s'il est sur la photo), votre phrase de signature : c'est à vous de choisir ces hashtags. Vous avez tout intérêt à les utiliser régulièrement pour que votre audience les connaisse et puisse à son tour les utiliser. Invitez également votre écosystème (clients, partenaires, fournisseurs, collaborateurs...) à les reprendre lorsqu'ils publient du contenu à propos de vous.

CONSEILS PRATIQUES

- Pour créer un hashtag, il suffit de l'écrire.
- Ne laissez pas d'espace entre le symbole « # » et les mots constituant le hashtag.
- Ne laissez pas d'espace entre les mots constituant le hashtag.
- Un hashtag ne se dépose pas. Tout le monde peut l'utiliser.

Hashtags événementiels

Vous organisez un événement ou vous souhaitez créer un jeu concours et inciter votre audience à créer du contenu autour d'un thème ? Voici autant d'occasions de créer un hashtag spécifique « événementiel » qui vous permettra de retrouver tout le contenu créé par les utilisateurs d'Instagram.

Bien évidemment, si vous participez à un événement, un salon par exemple et que vous créez du contenu à propos de cet événement avant, pendant ou après ce dernier, intégrez le hashtag de l'événement dans vos publications pour en augmenter la visibilité.

CONSEILS PRATIQUES

> Un hashtag ne se dépose pas. Tout le monde peut l'utiliser. Assurez-vous que le hashtag auquel vous pensez n'est pas déjà utilisé pour signifier autre chose.

Par exemple, le Festival de Céramique du 11e arrondissement de Paris utilise le hashtag suivant :

#FestivalCeramique11. Les publications du compte, quand elles portent sur l'événement, incluent systématiquement ce hashtag et les céramistes participants sont invités à faire de même.

Hashtags d'univers (univers produit/service)

Il s'agit de hashtags génériques et déjà utilisés. Quand vous les rajoutez à vos publications, vous essayez d'attirer l'attention d'utilisateurs intéressés par ces sujets.

Vous allez évidemment chercher à utiliser des hashtags populaires mais attention, il est indispensable qu'ils soient directement liés à la photo que vous partagez. #love et #fashion sont parmi les plus populaires sur Instagram mais si vous vendez des bonsaïs ils ne seront pas pertinents pour vous !

Pour reprendre l'exemple du Festival de Céramique Paris 11, il s'agit des hashtags : #ceramique #céramique

#ceramiquecontemporaine #artisanatdart

Hashtags descriptifs

Comme leur nom l'indique, ces hashtags viennent décrire les éléments du contenu partagé. Intéressant quand ils sont précis.

Dans le cadre du Festival, il s'agit de rajouter des hashtags donnant des indications sur les pièces présentées :

#terrevernissee #gres #porcelaine

Quand l'architecte d'intérieur, Julia Ouazan du compte

@julia_atelierjoi présente une réalisation, elle ajoute les hashtags des marques connues représentées sur la photo : #casalux #darty #dartycuisine

Hashtags liés à la géographie

Ils viennent compléter la géolocalisation de vos publications. Nom d'un arrondissement de Paris, nom d'une ville, d'un département, numéro de département… Ne vous en privez pas dès que votre publication est associée à un lieu.

Hashtags qualifiant la communauté

#Foodlovers #Foodie… Qui n'a pas déjà rencontré ce type de hashtags qui qualifient les membres pouvant être intéressés par ces publications ? Ce type de hashtags reste néanmoins rare.

Pour illustrer cette partie, prenons comme exemple le Festival de Céramique du 11ᵉ – événement annuel durant 3 jours et qui permet à une trentaine de céramistes de présenter leurs créations. Sur le compte Instagram, un mois avant l'événement, les publications se concentrent sur les photos des œuvres des céramistes.

Hashtag de marque	#FestivalCeramique11 #MarjolaineBerthod (le nom du céramiste)
Hashtags événementiels	Les exposants au festival vont pouvoir utiliser à leur tour #FestivalCeramique11
Hashtags d'univers	#ceramique #céramique #ceramiquecontemporaine #artisanatdart

Hashtags descriptifs	Dans notre cas, ils vont décrire l'objet présenté : À travers la matière utilisée : #porcelaine #porcelainecoloree La forme de l'objet : #bol #bowl #boltourné La technique utilisée : #modelage #colombin #handthrown
Hashtags liés à la géographie	#Paris11 #Paris11eme #Paris11ème
Hashtags qualifiant la communauté	#amateursart

Comment trouver les hashtags

Une fois que vous avez défini les catégories de hashtags pertinentes pour vous (exercice que vous pouvez tout à fait faire en parallèle de la définition de ligne éditoriale), recherchez les hashtags pertinents :

→ Regardez les hashtags utilisés par vos concurrents ou des entreprises fournissant le même type de produits ou de services que vous. Privilégiez les comptes les plus populaires.

→ Lancez une recherche dans Instagram sur quelques hashtags. Le moteur de recherche vous en suggère d'autres qui commencent par les mêmes lettres et vous indique le nombre de publications contenant ce hashtag.

→ Ne choisissez pas nécessairement les hashtags les plus populaires car il vous sera difficile d'être choisi par l'algorithme. Ou quand vous le faites, ajoutez également des hashtags plus confidentiels pour augmenter l'impact de vos publications.

Sachez qu'il existe également des outils payants pour vous aider à identifier les hashtags pertinents (notamment Flick ou MetaHashtags). Il peut être intéressant de les utiliser lorsque vous commencez à planifier vos actions.

AVIS D'EXPERT

Julie Guertin, business mentor, fondatrice La Cordée Digitale

Comment vous organisez-vous pour ne pas perdre de temps dans la recherche d'hashtags lorsque vous publiez pour vos clients ?

Tout d'abord, concernant les hashtags, les tendances ont évolué. Alors qu'avant, utiliser jusqu'à 30 hashtags était courant et perçu comme un moyen d'augmenter les chances pour que nos publications soient trouvées, il est aujourd'hui conseillé d'en utiliser beaucoup moins – entre 3 et 10 pour être plus précis. On se rapproche en cela de ce qui se passe sur LinkedIn.

En termes d'organisation, pour gagner du temps, je crée en amont une liste de # pertinents par rapport à ma cible, mon activité, mes concurrents. Ensuite, je n'ai plus qu'à venir piocher dans cette liste pré conçue et y ajouter 2-3 # spécifiques en fonction de la thématique de ma publication. Bien sûr, je n'oublie pas d'ajouter systématiquement le # de ma marque « #lacordeedigitale ».

Réussir ses stories

Les stories ont maintenant moins d'audience que les publications du feed. L'étude réalisée par Metricool en 2022 établissait par exemple que pour des comptes enregistrant entre 500 et 2000 abonnés, la portée moyenne d'une publication du feed était 2,5 fois plus importante que celle d'une story (la portée indique le nombre de personnes ayant été exposée au contenu). Néanmoins, les stories restent un excellent moyen d'entretenir le lien avec vos followers.

Pour rappel, les stories sont une compilation d'éléments visuels (photos, vidéos, reels). Chaque élément rajouté en story y reste pendant 24 heures. Il est possible de repartager des

CONSEILS PRATIQUES

> Thématisez vos stories à la une. En voici quelques exemples : retombées presse, exemples d'usages de vos produits par vos clients, votre équipe…

> Pour vos stories éphémères, lorsque vous partagez plusieurs contenus en même temps, pensez à l'ordre de découverte du contenu par vos abonnés pour leur proposer une suite logique.

publications du fil d'actualité ou de votre propre feed dans votre story. Vous pouvez également publier automatiquement vos stories Instagram en story sur votre page Facebook. Une vidéo ajoutée à votre story ou prise directement doit faire moins d'une minute.

Enfin, il est également possible de créer des stories « à la une ». Ces stories seront ajoutées à votre profil et resteront visibles au-delà de 24 heures. Vous pouvez les modifier dans le temps.

Bon à savoir

Dans Instagram, « story » fait référence aux contenus disponibles pendant 24 heures, accessibles dès l'écran d'accueil d'Instagram (on clique sur une story pour la visualiser) et aussi à chaque élément visuel qui constitue la story.

C'est ainsi que l'on peut lire des articles nous recommandant de faire plusieurs stories dans une même journée. Dans ce cadre, cela signifie que vous pouvez rajouter des éléments visuels au fil de la journée.

TÉMOIGNAGE

Catherine Champeyrol @cacham, artiste peintre et conseil en innovation

@cacham c'est mon portfolio digital (publications) avec des instantanés sur mes créations en cours et ce qui m'inspire (stories). Les publications sur le feed sont conçues pour donner à voir les différentes facettes de mes créations. L'important pour moi est d'y mettre en valeur mon travail sur papier d'art et sur toile, de présenter les différentes séries et d'éventuelles collaborations. J'épingle sur le profil l'actualité (collaboration ou exposition par exemple) : je conçois les publications comme une présentation didactique de mon activité.

Ce qui est important c'est le coup d'œil global sur mes créations sur la mosaïque Instagram. Les stories, elles, traduisent mon inspiration du jour ou une création en cours à l'atelier. Elles sont très spontanées et ancrées dans l'humeur du présent au moment où je poste.

Concevoir des stories intéressantes

Voici quelques idées de thèmes de stories pour vous inspirer.

→ **Les stories « nouveauté ».** Une boutique peut communiquer sur sa nouvelle collection, montrer les nouveautés et donner des explications personnelles, des commentaires sur les tendances ou les choix qui auront été faits. Un ton personnel, une vidéo incarnée, le propriétaire de la boutique qui s'exprime... Autant d'éléments pour créer de la proximité.

→ **Les stories/jeu.** Ces stories ont pour objectif d'engager l'audience en leur proposant de participer à un jeu. Par exemple, leur faire créer du contenu autour d'un thème. La story doit leur donner envie de jouer, présenter la prime, leur donner des règles du jeu claires. L'objectif de ces stories est de créer des interactions avec l'audience.

→ **Les stories « dans les coulisses ».** Vous faites vivre à votre audience la vie de l'entreprise. Les collaborateurs prennent la parole. Racontent de petites histoires autour de leur métier ou de l'entreprise. L'objectif est de faire aimer l'entreprise.

Un restaurant peut aller en cuisine filmer le dressage d'un dessert par exemple.

→ **Les stories autour d'un événement**. Qu'il s'agisse d'un événement que vous organisez ou bien un événement auquel vous participez, créer une story autour de cela vous permet de capitaliser encore plus dessus pour vous rapprocher de vos clients. Un restaurant qui accueille des musiciens peut par exemple filmer des moments clés du concert qu'il diffuse via une story.

→ **Les stories « conseils »/« astuces »/« bons plans ».** Face caméra, un coach peut donner ses conseils clés. Dans la plupart des cas maintenant, ces conseils sont créés au format reel, partagés sur Reels pour atteindre une nouvelle cible. Libre à vous de les partager sur le fil et également en story.

→ **Les stories « témoignages » ou « confidence ».** Là aussi, souvent enregistrées en reel et repartagé en story. Pour reprendre la terminologie TikTok, ce sont les contenus POV (*Point of view*).

Adopter une logique de « storytelling »

Plutôt que de juxtaposer des images et des vidéos, assemblez-les pour qu'elles racontent une histoire cohérente et finissez par un appel à l'action.

Exemple d'un architecte d'intérieur fait des stories autour d'un chantier en comparant l'avant/après :

→ 1er écran : la problématique du client ;

→ photos de l'existant, textes ajoutés pour commenter ou mini-vidéo avec voix off pour là aussi commenter ;

→ les choix, les questions qui se sont posées au fil du chantier ;

→ le résultat final.

Exemple : vous créez des bijoux et vous voulez faire découvrir votre nouvelle collection :

→ vidéo d'introduction (courte) : vous parlez directement à la caméra : « Hello, je vais vous présenter mes nouveautés pour l'été… Mes inspirations… Et j'ai eu envie de beaucoup de bonne humeur, des couleurs pétantes… » ;

→ des photos partagées rapidement : très colorées ;

→ puis une vidéo d'une création particulièrement emblématique portée ;

→ écran d'appel à l'action : avec le code XXX – 20 % sur la nouvelle collection + sticker lien vers le site Internet par exemple.

Rendre vos stories visuellement impactantes

→ Pour créer les éléments de la story, vous avez le choix entre les créer directement dans Instagram et utiliser les fonctionnalités natives de l'application ou bien utiliser une application telle que Canva pour créer les éléments de votre story puis les importer dans votre album photo. Penchons-nous d'abord sur ce que vous pouvez faire directement dans Instagram.

→ Pour accéder à l'interface de création de story, il vous suffit de sélectionner « + » sur l'accueil de l'application et d'ensuite, sélectionner « STORY ». Pour rappel, les visuels les mieux adaptés aux stories sont pris à la verticale.

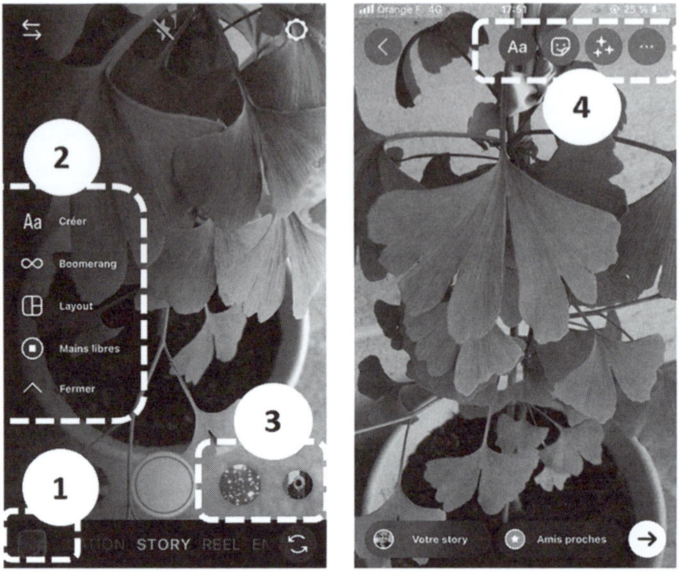

Légende : image de gauche, l'écran d'accueil de l'interface de création de story ; image de droite, options additionnelles d'enrichissement d'une image.

→ **Zone 1** : l'origine de votre visuel ou de votre vidéo.

3 options s'offrent à vous :

- Une photo ou une vidéo courte de l'album de votre mobile (accessible en sélectionnant la zone 1).
- Une publication ou un reel déjà partagé sur Instagram.
- Une photo ou vidéo que vous allez capturer directement à partir de cet écran.

→ **Zone 2** : sélection du format de votre élément visuel.

- « Créer » vous permet de créer un visuel texte sur fond de couleur, une carte d'anniversaire adressée à quelqu'un, un quizz ou de sélectionner un gif… Cette liste n'est pas exhaustive et Instagram ajoute régulièrement de nouvelles fonctionnalités. Explorez !

- « Layout » vous permet de partager une grille de photos.
- « Mains libres » de lancer l'enregistrement d'une vidéo (elle durera 1 minute maximum).

→ **Zone 3** : vous pouvez ajouter à votre photo ou vidéo des effets comme des filtres. Là aussi, testez la fonctionnalité et amusez-vous.

→ Une fois que vous avez produit votre visuel, la **zone 4** apparaît. Ces fonctionnalités vous permettent d'enrichir votre photo ou votre vidéo. Vous pouvez ajouter du texte, d'autres effets, dessiner sur l'image et surtout, rajouter des stickers (le sticker pour inclure le lien vers un site Internet par exemple) et une musique dont les droits sont gérés par Instagram.

Comme vous le voyez, Instagram vous offre une interface de production de stories déjà extrêmement riche. Un outil de création graphique tel que Canva est utile dans deux cas. D'une part, lorsque vous voulez créer toutes vos images en amont pour « raconter une histoire », d'autre part si vous avez besoin de mises en page et de modèles plus sophistiqués.

AVIS D'EXPERT

Emilie Marquois, consultante médiaux sociaux | membre de La Brigade du Web

Republier une publication Instagram dans sa story, est-ce une bonne idée ?

Oui, évidemment cela peut être tout à fait utile et efficace à condition d'y rajouter sa patte. Faire simplement un repartage apporte peu de valeur. À moins que le visuel ait réellement un effet stop et à condition qu'il n'ait pas déjà été vu 100 fois, cela ne présente aucun intérêt. En revanche, si vous enrichissez l'image, que vous rajoutez un sticker, du texte (une pointe d'humour, ce à quoi ça vous fait penser, un hashtag inspirant...), là vous apportez de la valeur.

Par ailleurs, cela peut aussi vous permettre de republier du contenu de la timeline qui date mais que vous avez envie de remettre en valeur.

Enfin, ce qui fonctionne pour un repartage de contenu s'applique parfaitement à tout partage de visuel dans une story. Les stories permettent une fantaisie et une spontanéité que n'ont pas forcément les publications de la timeline. Profitez-en. Utilisez également les outils à votre disposition pour créer de l'interaction avec votre communauté. Quizz, sondages, poser des questions, voici autant de façons de renforcer le lien avec elle.

Stories à la une

Ces stories restent épinglées en haut de votre profil. Une occasion de mettre en avant des informations clés, des moments importants, le focus sur votre équipe, vos fournisseurs, votre savoir-faire, votre offre de service, vos références, vos horaires, l'ambiance dans l'équipe...

Vous l'avez compris, la liste idéale des stories à la une n'existe pas et c'est à vous de petit à petit constituer cette galerie de stories.

Les stories à la une sont listées de la plus récente à gauche de l'écran à la plus ancienne à droite. Il est possible à tout moment de modifier l'image de couverture de votre story, de supprimer ou d'ajouter des photos, reels ou vidéos dans votre story à la une.

CONSEILS PRATIQUES

> Paramétrez votre compte pour que vos stories soient enregistrées « dans l'archive ». Vous pourrez ainsi créer des stories à la une à partir de stories déjà publiées et enrichir une story à la une déjà créée.

> Modifiez la photo de couverture de vos stories à la une. Rajoutez titre et/ou symbole pour que les utilisateurs comprennent immédiatement le contenu qu'ils vont découvrir.

Créer facilement des reels

Nous l'avons déjà dit plusieurs fois, produire des reels sur Instagram devient un passage obligé pour optimiser les performances de votre compte et augmenter les chances pour qu'il soit découvert par des personnes qui ne vous connaissent pas encore. Mais produire des reels peut être extrêmement chronophage. L'objectif de cette section du livre est de vous aider à vous organiser pour gagner du temps.

Lorsque vous produisez des reels vous avez le choix entre utiliser l'outil natif d'Instagram ou une autre application mobile. CapCut, qui appartient à ByteDance (propriétaire de TikTok), reste l'application la plus utilisée actuellement. Gardez néanmoins en tête que l'algorithme d'Instagram pénalise les reels crées en dehors de sa solution.

CONSEILS PRATIQUES

› Pour des reels basiques utilisez l'application native d'Instagram.

› Pour des montages plus compliqués, utilisez Capcut. Dans ce cas, avant d'importer le reel dans Instagram, assurez-vous de ne pas avoir laissé l'écran contenant le logo de Capcut en fin de video. Cet écran est également appelé filigrane ou watermark.

En règle générale, vous allez produire votre contenu avec votre téléphone portable. Pour *in fine* gagner du temps, respectez les étapes clés de production de votre vidéo.

Étapes de production de la vidéo en utilisant CapCut.

Étapes	Détails de l'étape
Mini-script	Imaginez le séquencement de votre reel et ce dont vous allez avoir besoin pour raconter l'histoire que vous voulez partager. Quelles sont étapes de l'histoire ? Les vidéos dont vous allez avoir besoin. Les photos nécessaires à la compréhension du reel.

Étapes	Détails de l'étape
Photos/ vidéos	Produisez les photos et les segments vidéo dont vous allez avoir besoin.
Sélection des « rushs »	Dans l'album photo de votre téléphone, créez un album correspondant à ce projet de reel et ajoutez-y les photos et vidéos que vous retenez.
Retravail des photos	Il est plus simple de retravailler les photos avant leur intégration dans l'outil de montage de réels.
Intégration	Intégrez votre sélection dans l'outil de montage et rappelez-vous qu'un reel dure au maximum une minute et trente secondes.
Couper et accélérer	Lorsque vous avez beaucoup de matériel initial, vous avez trois manières de réduire : 1. Couper les images de vos vidéos qui ne sont pas utiles. 2. Accélérer certains segments. 3. Enlever tout ce qui ne sert pas l'histoire.
Textes	Une fois le montage terminé, vous pouvez rajouter du texte sur vos photos et vidéos. Là aussi il doit permettre de mieux comprendre l'histoire.
Photo de couverture	Choisissez une image qui va servir de vignette pour votre reel, sans cela, il sera représenté par une image noire dans votre fil.
Musique	Il ne vous reste plus qu'à sélectionner la musique qui va accompagner votre reel. Ne tardez pas à le faire, quand vous venez de réaliser votre montage vidéo, vous en gardez le rythme en tête et le choix de la musique en sera facilité.

Gardez en tête qu'un reel est une vidéo montée. Lorsque vous travaillez sur votre reel, vous allez générer plusieurs bandes comme peut le faire un monteur :

→ une bande image ;

→ une bande texte ;

→ une bande musique ;

→ une bande voix off si vous décidez de rajouter une voix off.

Les étapes que nous venons de voir ensemble intègrent cette logique de bandes.

AVIS D'EXPERT

Pascale Weeks, autrice culinaire et créatrice de contenus culinaires sur Instagram et sur son blog

Quels conseils donnez-vous à des créateurs de contenus qui démarrent avec les reels ?

Soyez clair sur vos objectifs. Quand je partage une recette de cuisine, mon objectif est que l'internaute puisse facilement faire la recette. Mon obsession devient alors de choisir toutes les étapes nécessaires à la compréhension – pas une de plus, pas une de moins et tout ça en moins d'une minute. Si mon objectif était de faire rêver ou si la ligne éditoriale de mon compte était lifestyle, je me mettrais davantage en scène – on ne me voit pas dans les vidéos – je ferais probablement des recettes plus complexes sans me soucier de leur exécution par les internautes.

Dernier point. Si dans votre feed Instagram vous aviez des vidéos, sachez que depuis quelque temps Instagram transforme automatiquement en reels toutes les vidéos de moins de 15 minutes.

Quel usage pour les lives ?

Très utilisés pendant les confinements, les lives le sont moins maintenant et pourtant, ils vous offrent l'opportunité de vous rapprocher de votre communauté.

Intérêt et visibilité du live

CONSEILS PRATIQUES

> Vous cherchez de l'inspiration, allez sur les comptes Instagram d'Esther Perel, de Géraldine Dormoy ou de Tim Ferriss, ils se livrent régulièrement à l'exercice du live avec des personnalités inspirantes.

Lorsque vous lancez un live, votre communauté en est notifiée et peut décider de venir vous rejoindre. Il devient ainsi très visible.

Quand le live est en cours, votre vignette de profil s'affiche en haut de l'écran d'accueil de vos followers à côté des stories des comptes qu'ils suivent.

Pendant le live, les personnes présentes peuvent poser des questions, commenter et vous y répondez (ou pas) en direct. Sachez que les commentaires sont visibles de tous.

Une fois le live terminé, vous pouvez le republier sur votre timeline

---

Bon à savoir

Il est possible d'inviter à distance un autre utilisateur à prendre la parole pendant votre live. Quand il rejoindra votre live, sa communauté en sera également notifiée, exposant votre compte à de nouveaux followers potentiels. Évidemment vous lui demanderez de communiquer sur cet événement co-construit en amont s'il en a envie.

Comment réussir son live ?

Définissez votre thème. Il y a les évidences :

→ Un prof de Yoga peut faire un live sur un enchaînement de postures.

→ Si vous organisez un événement, vous pourrez diffuser en live une partie particulièrement intéressante de l'événement.

→ Si vous êtes dans un métier de soin ou d'accompagnement, vous pouvez organiser un live autour d'une question récurrente que se posent vos clients.

→ Si vous lancez un nouveau produit, vous pouvez organiser ce que l'on appelle un pitch-live.

Annoncez-le en amont à votre communauté. Une petite portion de celle-ci pourra peut-être être présente le jour J mais si vous créez un live autour d'une question ou d'un sujet d'expertise, profitez de ce post d'annonce pour demander à votre communauté quelles questions elle se pose par rapport à ce thème et ainsi créer de l'engagement sur votre poste.

Ensuite, préparez le matériel nécessaire. Le live est très gourmand en ressource (batterie bien chargée et wifi puissant et stable). Comme pour tout enregistrement vidéo, équipez-vous d'une source de lumière adéquate et d'un micro pour améliorer le rendu audio.

Avant votre premier live, entraînez-vous. Vous pouvez lancer un live test qui vous permet de tester votre organisation matérielle, l'angle de prise de vue de l'appareil photo, la lumière, ce qui se passe derrière vous, le son...

Scénarisez votre prise de parole, demandez-vous comment allez-vous introduire ce live, quelles sont les différentes étapes etc. Si vous organisez une séance de questions/réponses, ce sera plus simple, vous pourrez être plus réactif. Dans tous les autres cas, ce sera plus compliqué.

CONSEILS PRATIQUES

> Si vous souhaitez le republier, paramétrez votre live pour qu'il soit stocké dans votre archive. Il y restera 30 jours.

L'essentiel

Créer des publications dans le feed, des stories, des reels, pour animer et développer votre compte. Vous jonglerez entre ces différents types de publication.

Travailler sur les visuels partagés, la légende, la géolocalisation, les hashtags et l'animation de la conversation pour faire émerger vos publications.

Choisir les stories qui restent importantes afin d'entretenir le lien avec votre communauté.

Les reels, visibles de vos abonnés et également poussés par l'algorithme dans l'onglet Reel d'Instagram, vous permettent d'être découverts par des non-abonnés.

Les lives vous permettent avant tout de dialoguer directement avec vos abonnés.

Vers un plan d'action

- Observez des comptes qui vous inspirent, sauvegardez les posts intéressants de manière à vous constituer une bibliothèque de référence
- Créez vos 6 premières publications pour vérifier que vos choix éditoriaux fonctionnent. Ajustez votre ligne éditoriale si besoin.
- Décryptez des reels pour comprendre de quoi ils sont constitués. Ainsi, vous vous faites l'œil.
- Commencez à faire vos premières stories en repartageant des publications que vous aimez et en les enrichissant (stickers et textes).

4

Développer son audience sur Instagram

« L'audience monte par l'escalier et descend par l'ascenseur. »
UN PUBLICITAIRE INCONNU

Objectifs

- Recruter des abonnés.
- Faire appel aux influenceurs.
- Intégrer collaborations et UGC.
- Mesurer vos résultats.
- Acheter de la publicité.

Dans le chapitre précédent, nous nous sommes concentrés sur le travail de partage de contenus sur Instagram. Maintenant l'enjeu est que vos publications soient vues, ce qui impose des actions spécifiques pour recruter des followers. Ensuite, pour exploiter encore davantage ce média et servir des objectifs plus marchands, vous devrez mener une réflexion sur la pertinence de campagnes publicitaires, de l'approche d'influenceurs et de mises en place de collaborations avec d'autres comptes. Enfin, évaluer vos actions vous permet d'ajuster l'animation de votre compte.

Recruter des followers

CONSEILS PRATIQUES

> Ne faites pas de follow/unfollow, cette stratégie consistant à suivre pour être suivi et arrêter de suivre ceux qui ne vous suivent pas en retour ne fonctionne plus.

> N'achetez pas de fans. Vous pouvez être approché pour le faire. Il s'agit de faux fans qui vont détériorer votre taux d'engagement. Contre-productif !

■ ■ ■ Bien évidemment, une animation régulière et de qualité de votre compte va vous aider à augmenter votre audience sur Instagram. Mais comme pour la plupart des médias sociaux – nous verrons que TikTok fait un peu exception – il va vous falloir amorcer la pompe et faire la promotion de votre compte en utilisant des outils de communication hors Instagram.

Dernier point, ne vous focalisez pas sur le nombre de followers de votre compte mais bien sur la qualité de vos abonnés.

Levier 1 : s'appuyer sur la communauté de son entreprise et ses propres outils de communication

Au lancement de votre compte, déployez des tactiques de communication vous permettant avant tout d'être suivi sur Instagram par les personnes qui vous connaissent déjà dans la vraie vie ou dans d'autres espaces digitaux. Ils constitueront un premier public engagé.

Répertoriez tous les points de contacts avec vos clients, tous les outils de communication à votre disposition.

→ Dans un lieu physique :

Vous avez un lieu de vente. Rajoutez des affiches/affichettes « Rejoignez-nous sur Instagram @XXX ».

→ Sur tous vos outils de communication offline :

- Vous avez un restaurant : ajoutez-le sur le menu.
- Sur vos cartes de visite, sur vos brochures...

→ Sur Internet :

- Sur votre site Internet ou votre blog, rajoutez un bouton « Rejoignez-nous sur Instagram ».
- Dans la signature de vos mails.

→ Sur vos autres médias sociaux :

Rajoutez un message invitant vos abonnés ou amis à vous suivre sur Instagram également.

→ Via e-mail :

Vous avez une base de données de clients et de prospects, pourquoi ne pas leur envoyer un mail les informant du lancement de votre compte professionnel Instagram ? Si vous le pouvez, mettez en avant trois bonnes raisons de suivre votre compte, ce sera encore plus impactant. Ces éléments pourront d'ailleurs être intégrés dans la bio de votre compte Instagram.

TÉMOIGNAGE

Tiffanny Maquin-Roy, fondatrice de L'Atelier (@latelierparis.fr)

Ma communauté de followers se construit au fil du temps et ce qui compte avant tout pour moi, c'est sa qualité. Je ne cours pas après la plus grande communauté possible – j'en suis bien loin – mais je cherche une communauté engagée, constituée de personnes qui me connaissent et qui peuvent acheter et/ou recommander mes ateliers de fabrication de pièces de maroquinerie.

Pour lancer le compte, je me suis tout d'abord appuyée sur mon réseau Facebook. J'y étais depuis 2007 et j'y avais un bon réseau très engagé. La moitié d'entre eux m'ont suivi sur Instagram.

Je me suis également appuyée sur mon compte Instagram personnel. Je publiais assez régulièrement. Je l'utilisais à titre complètement personnel pour être en lien avec mes copains, amis, proches. Eux aussi m'ont suivi.

Ensuite, j'ai créé le compte Instagram de L'Atelier très en amont de son ouverture effective. Je l'ai utilisé au début pour partager mon aventure entrepreneuriale : la signature du bail, les travaux, les dessins qui allaient devenir mes premiers projets. La 1re photo postée, une jolie photo du canal Saint Martin avec écrit « *Soon* ». Maintenant, l'aventure continue. Sur mon compte Instagram, je poste mes dernières réalisations, des photos des ateliers, des participantes, tout ce qui permet de partager l'esprit des ateliers.

Levier 2 : animer son compte et adopter une logique communautaire

Une fois votre compte lancé, une animation régulière et tournée vers les utilisateurs d'Instagram va vous aider à recruter des abonnés. L'enjeu devient alors d'attirer l'attention de personnes qui ne vous connaissent pas encore.

Gardez également en tête qu'une part non négligeable (et fluctuante) des publications que vous voyez apparaître sur votre fil d'actualité correspond à des publications émises par des comptes auxquels vous n'êtes pas abonné et qui sont susceptibles de vous intéresser. Dans ce cadre, c'est l'attention de l'algorithme qu'il va falloir capter.

Comment attirer l'attention d'utilisateurs d'Instagram :

→ Soyez actif. Ne vous contentez pas de poster votre contenu. Il est essentiel non seulement d'assurer le service après-vente de votre post mais aussi d'interagir avec d'autres comptes.

→ Répondez aux messages privés et aux commentaires laissés sur vos publications. Plus il y a d'interactions sur vos publications, plus votre audience est engagée et plus la portée virale de vos publications croît. Vous pouvez le vérifier en analysant les statistiques de vos posts.

→ Rajoutez un appel à l'action dans vos posts pour justement inciter à la conversation.

→ Commentez les publications d'autres utilisateurs. Attention à ne pas verser dans la flatterie sans relief. Simplement rajouter « *great* » ou « excellent » ne va pas projeter une image très valorisante de votre compte.

→ Mentionner d'autres instagrameurs dans la légende d'une de vos photos ou dans un commentaire que vous laissez sur une publication (la vôtre ou celle d'un autre instagrameur) à condition évidemment que cela fasse sens. À titre d'exemple, le Festival de Céramique du 11e mentionne les comptes Instagram des céramistes dont les œuvres sont visibles sur la photo et également le compte du photographe.

→ Faites des reels régulièrement pour augmenter les chances pour que votre compte soit découvert par de nouveaux followers.

→ N'oubliez pas de vous abonner aussi aux comptes qui vous intéressent.

→ Faites des collaborations avec d'autres comptes (nous reviendrons sur ce sujet plus tard dans ce chapitre).

Gardez en tête qu'un simple « like » n'a pas le même poids qu'un commentaire laudateur ou un abonnement.

Comment attirer l'attention de l'algorithme ? Il est important d'offrir le bon contenu à la bonne personne. C'est tout l'enjeu du sous-chapitre consacré à la réussite de vos publications, en plus de créer des publications intéressantes et engageantes. Voici quelques idées :

→ Des thématiques clairement définies vous aident à établir votre pertinence sur ces mêmes thèmes. Ça parle au robot indexeur et également aux humains.

→ Grâce à la géolocalisation de vos posts, l'algorithme va suggérer votre publication à des utilisateurs proches de vous géographiquement.

→ Dans vos reels, utilisez des musiques à la mode – on parle de musique « *trending* » (nous reviendrons sur cette logique de « *trend* »). Mais attention, il faut que la musique soit non seulement « tendance » mais aussi pertinente pour votre contenu et cohérente avec le ton de votre compte.

→ Travaillez l'engagement sur vos publications et alertez-vous d'une diminution de cet engagement. L'algorithme favorise les publications et comptes à fort engagement.

TÉMOIGNAGE

Julie Guertin, Business Mentor, fondatrice La Cordée Digitale

Doper le niveau d'engagement de mon compte me permet de grossir ma communauté. Forte de ce constat, j'ai mis en place une routine d'engagement. Je like les posts de mes abonnés 15 minutes avant de poster. En faisant cela, je mets toutes les chances de mon côté pour que mes posts remontent sur leur fil.

Ensuite, je me rends visible de personnes susceptibles d'être intéressées par mon contenu. Je vais voir les abonnés de mes concurrents et je like ou commente le contenu des personnes que j'ai ainsi découvertes. Je repère des comptes utilisateurs qui correspondent à ma cible ou qui parlent à ma cible et là encore j'interagis avec eux.

Cette routine d'engagement paye vraiment pour acquérir des followers de qualité.

Travailler avec des influenceurs et collaborer avec d'autres comptes

■■■ Dans le premier chapitre, nous nous sommes penchés sur la matrice POEM, qui nous permet de diversifier nos actions sur les médias sociaux. Ici nous allons nous concentrer sur le « EARNED », soit les actions de communication sur Instagram faites par d'autres que nous et qui nous concernent.

Les influenceurs sur Instagram

Au fil des années, Instagram s'est imposé comme étant la plateforme d'influence à destination du grand public.

Il existe plusieurs typologies d'influenceurs que l'on distingue en fonction de leur nombre d'abonnés. Pour les indépendants et les petites entreprises on parle de nano-influenceurs (plus de 1 000 abonnés). Les micro-influenceurs (plus de 10 000 abonnés) seront les plus intéressants. Quand les influenceurs dépassent les 100 000 abonnés, ils sont généralement représentés par des agents ou des agences et les sommes à engager peuvent être conséquentes.

Comment bien choisir un influenceur ?

→ Les thèmes de ses contenus doivent être compatibles avec vos produits et vos services. Le seul fait qu'il soit en affinité avec votre cible ne suffit pas.

→ Vous êtes à l'aise avec le ton de ses publications et également ses réponses aux commentaires. Gardez en tête que votre image va être associée à la sienne.

→ Sa communauté vous paraît être de bonne qualité. Certains influenceurs, pour pouvoir présenter de grandes communautés, ont eu recours à l'achat d'abonnés. Quand l'achat a été massif, ils enregistrent un nombre important d'abonnés mais peu de likes et de commentaires. Méfiez-vous de ce type de compte.

Comment bien travailler avec un influenceur ?

→ Idéalement, ayez un échange avec lui sur la manière dont vous pouvez collaborer, du type de contenu qu'il peut produire ou de l'aide que vous pouvez lui apporter. Les influenceurs travaillent avec d'autres marques et peuvent être très créatifs.

→ Si vous lui proposez une expérience ou un produit assez coûteux, soyez clair sur ce que vous attendez en retour – nombre de posts, de stories, reels... Un hôtel pourra accepter les sollicitations d'un influenceur lifestyle/voyage et lui offrir une nuit dans l'hôtel mais aura tout intérêt à négocier le nombre de posts et stories à réaliser.

→ Si vous lui demandez de produire du contenu pour vous et de parler de vous, assurez-vous que l'influenceur vous cède les droits de ré-utilisation de ce contenu afin de pouvoir poster ce contenu directement sur votre compte, et/ou sur votre site Internet par exemple. Enfin, négociez la visibilité qu'il va donner à ce contenu sur ses propres communautés. Quand va-t-il partager ce contenu, sous quelle forme ? Les influenceurs sont des créateurs de contenus qui ont réussi à séduire une audience. Lorsque vous travaillez avec eux, vous voulez à la fois profiter de leur capacité à créer mais également de leur pouvoir d'influence auprès de leurs abonnés.

CONSEILS PRATIQUES

> Les influenceurs qui vous contactent directement – souvent avec une approche non personnalisée – sont rarement les influenceurs intéressants pour vous.

> Pour rentrer en contact avec un influenceur, utilisez simplement la messagerie. Si pas de réponse, essayez un autre moyen (profil LinkedIn par exemple).

TÉMOIGNAGE

Florian Costes, créateur de Mâle Fringué @malefringue

Dans les premiers temps, j'ai collaboré avec quelques influenceurs et j'ai même bénéficié du push d'un influenceur peu connu qui a ensuite bien développé son audience et qui a reparlé de moi parce qu'il aimait ma marque. Maintenant, j'avoue que le travail de l'influence est trop chronophage et je préfère optimiser des campagnes publicitaires sur Instagram.

Les collaborations avec d'autres comptes

Ces fameuses « collab » peuvent s'orchestrer de trois manières différentes :

→ Un simple échange de visibilité.

→ Un Instagram live à deux.

→ La cocréation d'un produit ou d'un service.

L'échange de visibilité : sur votre compte, vous parlez d'une autre marque et cette marque dans le même temps ou à un autre moment parle de vous. Il n'y a pas d'échange monétaire donc ce n'est pas un partenariat rémunéré. Néanmoins, il va être essentiel lorsque l'on recourt à cette tactique d'être authentique, honnête et cohérent par rapport à qui vous êtes. Vous engagez votre image dans la recommandation de l'autre compte.

TÉMOIGNAGE

Mélissa Perraudeau, co-fondatrice de LOLO PARIS

Nous avons testé beaucoup de collaborations depuis le lancement. La plupart des collaborations que nous faisons maintenant sont des collaborations basées sur un échange de visibilité. Nous avons testé les jeux concours mais l'audience acquise ne reste pas toujours et n'est pas suffisamment engagée.

Au final, les collaborations qui marchent le mieux pour nous sont les collaborations avec des marques ayant acquis le même niveau de maturité et de notoriété que nous. Des marques avec des valeurs similaires (produits éco-responsables par exemple). Nous faisons également attention au nombre d'abonnés, à la qualité de leurs contenus, l'engagement de leur communauté.

Un Instagram live à deux

Vous organisez un live et vous invitez un autre utilisateur à coanimer le live avec vous. Voici l'un des moyens simples de co-produire du contenu et de croiser vos audiences puisque ses followers seront eux aussi notifiés du fait que le live démarre.

Pour ce faire, il vous suffit de lancer le live et de l'inviter à rejoindre le live.

CONSEILS PRATIQUES

› Vous devrez vous suivre mutuellement pour pouvoir le faire.

› Annoncez le live en amont sur vos deux comptes.

› Continuez à communiquer sur le live pour qu'il soit vu en replay. Vous pouvez par exemple en parler dans une story ou créer un reel avec les meilleurs moments du live.

La cocréation d'un produit ou d'un service : quand Anne Cazaubon, chamane, créatrice du compte Instagram @merciauninconnu communique sur la retraite qu'elle va animer pendant 5 jours au Portugal, elle invite pendant un live Instagram la propriétaire du lieu d'accueil à présenter ce lieu. Cette même propriétaire parlera également sur son compte Instagram de la retraire organisée par Anne.

Bon à savoir

Instagram propose la fonctionnalité « collaboration » (en anglais : « Instagram Collab Post »). Elle permet à deux instagrameurs de publier le même post sur leur propre feed. Likes et commentaires s'ajoutent au post et sont eux aussi mutualisés.

Pour utiliser cette fonctionnalité, un des deux comptes crée le post et invite le deuxième compte qui devra accepter cette invitation pour que son nom soit associé et que le post apparaisse sur son feed.

Les contenus créés par vos clients ou vos followers

C'est ce que l'on appelle l'UGC (*User Generated Content*) – contenu créé par des utilisateurs.

Vos clients, les personnes qui connaissent et aiment vos services, portent vos produits, viennent déjeuner dans votre restaurant, participent à un de vos cours de Yoga, tous sont susceptibles de créer un post ou une story pour partager tout le bien qu'ils pensent de vous. Et nous le savons tous, leur parole est bien plus puissante et écoutée que la vôtre en tant que marque.

Ce phénomène naturel peut être encore plus fréquent si vous l'encouragez. En tant que petite entreprise ou indépendant, vous pouvez tout à fait vous le permettre parce que vous avez une proximité avec votre audience.

La marque Shaeri @shaeri_paris (soin des cheveux, initialement, cheveux secs et frisés) a créé une story à la une nommée Shaeri Princess et dans laquelle on retrouve des posts, vidéos, reels de clientes qui utilisent les produits. Pour l'enrichir, la marque a demandé à ses clientes de parler de leur expérience et de leur routine cheveux.

CONSEILS PRATIQUES

> Demandez à vos clients/ fans lorsqu'ils parlent de vous, de mentionner votre compte pour pouvoir identifier facilement leur contenu.

> Repartagez les contenus en story ce qui permet de les créditer facilement.

> Si vous republiez en post ou vous intégrez dans un reel, demandez-leur l'autorisation de pouvoir le faire.

Acheter de la publicité sur Instagram

Sur Facebook, recourir à la publicité pour que ses publications soient visibles est devenu quasi obligatoire. Ce n'est pas encore le cas sur Instagram mais si vous voulez atteindre une audience plus large ou bien générer du trafic vers votre site de e-commerce, vous devrez vous pencher sur les opportunités offertes par Facebook Adsmanager. En effet, pour faire de la publicité sur Instagram, vous utiliserez l'interface initialement développée par Facebook (l'entreprise) pour Facebook (le media social). L'entreprise Facebook devenue Meta, nous ferons aussi référence à Meta dans cette partie.

En premier lieu, établissez le budget nécessaire. C'est vous qui choisissez combien vous souhaitez consacrer à votre campagne. Le budget minimum d'une campagne sur Instagram est de 100 euros ce qui reste très raisonnable par rapport à d'autres outils de communication[1]. Par rapport à cette base, vous pouvez ensuite fixer le budget quotidien que vous souhaitez y consacrer. Vous pouvez également définir une date de fin de votre campagne pour maîtriser totalement votre budget.

Comment organiser ses campagnes ?

Tout d'abord, il est important de comprendre comment Meta structure les campagnes. Nous reprenons ici les termes utilisés dans l'interface publicitaire.

Dans une campagne, vous pouvez avoir plusieurs « groupes de publicité » et dans un « groupe de publicité », vous pouvez avoir plusieurs « publicités ». Il est intéressant de savoir que la même

1. Source : Meta, 2023.

publicité peut être utilisée dans deux groupes de publicités si on le souhaite.

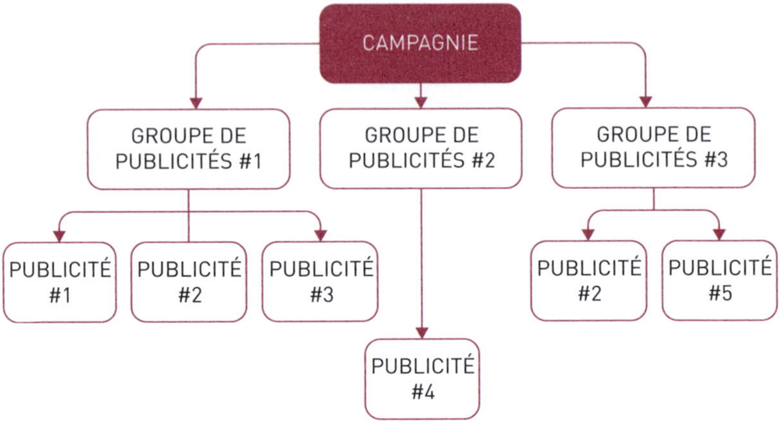

Une campagne se paramètre donc en 3 étapes. Les principales décisions que vous devez prendre à chaque étape sont reprises dans ce tableau.

Étapes	Ce que vous déterminez à chaque étape
Étape 1 « Lancement de la campagne »	– L'objectif. – Le budget maximum disponible.
Étape 2 « Groupe de publicités »	– Le budget quotidien. – Le placement de votre publicité – si vous ne souhaitez faire de la publicité que sur Instagram il faut le préciser ici. – L'audience que vous souhaitez atteindre (vos critères de ciblage). – Date de début et de fin. – Limite de répétition – soit le nombre maximum de fois où votre publicité sera vue.
Étape 3 « Publicités »	– Éléments visuels et textuels.

Pour créer votre campagne, vous avez deux options :

→ Utiliser Meta Business Suite, vous cliquez sur « Espace Pubs ».

→ Ou accéder directement à Facebook Adsmanager sur la page :

https://adsmanager.facebook.com/adsmanager/.

CONSEILS PRATIQUES

> N'utilisez pas les fonctionnalités de « boost » qui sont proposées par Instagram. Elles n'optimisent pas le budget et enregistrent un engagement faible. C'est le piège de la facilité !

Nous vous recommandons de plutôt utiliser la deuxième option. Elle est certes un peu plus compliquée que l'interface « Espace Pubs », mais elle vous permet de réellement optimiser vos campagnes.

Bon à savoir

Vous ne pouvez pas dans l'« Espace Pubs » créer une publicité pour augmenter la portée d'une publication. Lorsque vous boostez une publication dans cette interface, c'est Meta qui choisit l'objectif qui est « bon pour vous » (augmenter l'engagement, la portée, le nombre de clics…), vous n'avez aucun contrôle. Meta vous propose ensuite d'analyser votre campagne sur la base d'un objectif qu'il aura choisi !

Par ailleurs, vous n'avez pas accès à vos audiences enregistrées et ne pouvez pas faire des ciblages complexes. Il est par exemple impossible de rajouter des critères d'exclusions tels que l'exclusion des followers de votre compte.

Après avoir accédé à Facebook Adsmanager, il est temps d'organiser au mieux votre campagne.

Étape 1 – Lancement de la campagne – Définir l'objectif de votre campagne de publicité

Meta vous propose 6 types d'objectifs :

→ **Notoriété** : à choisir lorsque vous voulez augmenter la visibilité de vos publications auprès d'autres utilisateurs d'Instagram voire de vos propres abonnés.

→ **Trafic** : afin de générer du trafic vers votre site Internet, votre site de e-commerce, une page produit spécifique.

→ **Interactions** : vous souhaitez augmenter le nombre d'interactions (like, commentaires) sur une de vos publications ou augmenter le nombre de vues d'une de vos vidéos.

→ **Prospects** : vous voulez capturer les adresses e-mails et coordonnées de prospects en les invitant à compléter un formulaire pour par exemple participer à un événement, un webinaire, bénéficier d'un diagnostic offert...

→ **Promotion de l'application** : vous avez lancé une application mobile (par exemple) et vous voulez en augmenter le nombre de téléchargement par une audience choisie.

→ **Ventes :** vous avez un site de e-commerce et vous voulez faire de la publicité pour développer les ventes de vos produits.

Le choix de l'objectif est essentiel car Meta optimise votre campagne de manière à ce que vous ayez le plus de résultats possibles par rapport à l'objectif initial. Si vous choisissez, « Trafic », Instagram va s'assurer qu'avec votre budget vous obteniez le plus de clics possibles, quitte parfois à exposer plusieurs fois le même message à la même personne pour en quelque sorte forcer au clic. En revanche, si vous choisissez « Notoriété », Meta s'assurera qu'un maximum de personnes ciblées voient votre message. Donc même si nous voulons tous vendre, choisir l'objectif « Vente » ne doit pas être systématique. Gardez en tête qu'il est plus facile de vendre quand on est connu de notre audience.

Bon à savoir

Si vous avez un site de e-commerce et qu'il a été développé avec des solutions telles que Wordpress, Shopify, Woocommerce, Meta a développé une API[1] (Application Programming Interface) de conversion compatible avec ces grandes plateformes. Il vous suffit de « pluguer » cette API à votre site pour pouvoir traquer les conversions.

Étape 2 – Groupe de publicités – Définir l'audience

Ici, deux options s'offrent à vous : cibler très précisément une audience ou laisser faire l'IA de Meta. Nous vous recommandons de choisir en fonction de l'objectif de votre campagne.

→ **Cas # 1 :** vous voulez augmenter l'audience d'une publication ou la visibilité de votre marque.

Dans ce cas, nous vous conseillons de jouer avec toutes les options de ciblage à votre disposition.

- Exemple : Festival de céramique du 11e arrondissement
- Campagne : Habitants du 11^{e}
- Objectif : notoriété

Ciblage très précis :

- Géographie : 11e arrondissement
- Démographique : femmes/35 ans et +
- Centres d'intérêt :
  - Céramique
  - Céramique contemporaine
  - Artisanat d'art
  - Arts décoratifs
- Exclure : abonnés au compte. Le Festival a un excellent taux d'engagement sur ses posts organiques. Ses abonnés voient

1. Une API est un outil permettant à deux applications de communiquer entre elles.

ses publications même sans achat de publicité. Nous pouvons donc les exclure de notre ciblage et concentrer notre budget sur des publics plus difficiles à atteindre.

Gardez en tête que les « centres d'intérêts » chez Meta sont basés sur des données comportementales. En d'autres termes, à chaque fois que sur Facebook ou Instagram ou encore sur d'autres médias, les internautes interagissent avec du contenu, des comptes ou des pages, Meta traduit ces interactions en intérêt pour certaines thématiques.

AVIS D'EXPERT

Florian Costes, Strategic Planner & Social Media Manager | Digital Expert

Dans quel cas laisser faire l'IA ?

Pendant très longtemps, je n'ai juré que par l'hyper précision des audiences et j'avoue que les tests que j'ai menés ces derniers mois m'ont permis de montrer que l'IA de Meta pouvait présenter un réel intérêt. En effet, dès que vous attribuez à votre campagne un objectif lié à une action (cliquer vers un site Internet, compléter un formulaire, acheter sur un site), laissez faire l'IA. Elle sera plus efficace.

→ **Cas # 2 :** vous voulez faire faire une action à l'internaute, laissez faire l'IA.

Reprenons l'exemple du Festival de céramique du 11e Cette fois-ci, nous souhaitons générer du trafic vers le site Internet du Festival en nous concentrant sur l'Ile de France. Nous pourrons, en plus du critère géographique, rajouter un ou deux critères comme l'âge par exemple ou un centre d'intérêt et ensuite, laisser faire l'IA.

AVIS D'EXPERT

Florian Costes, Strategic Planner & Social Media Manager | Digital Expert

Quels sont les conseils pour optimiser une campagne ciblant une action confiée à l'IA de Meta ?

Il faut comprendre la manière dont l'IA fonctionne. Elle traverse d'abord une période d'apprentissage pendant laquelle elle tâtonne et teste différentes audiences. Dès que l'IA a enregistré 50 actions en 7 jours, elle sort de cette période d'apprentissage. Une action dépend de l'objectif de la campagne, il peut s'agir d'une vue vidéo, d'un clic, d'un achat, de la complétion d'un formulaire...

Prenons un exemple. Vous voulez recruter des participants à un webinaire, et ils doivent remplir un formulaire pour pouvoir y participer. Si vous mettez comme objectif de campagne, la complétion du formulaire, il faudra 50 formulaires complétés pour que l'IA sorte de sa période d'apprentissage et ça en 7 jours.

Donc si vous avez un petit budget, plutôt que de donner à l'IA l'objectif de complétion de formulaires qui faute de budget risque de condamner l'IA à rester dans la phase d'apprentissage, vous pouvez lui donner un objectif plus simple à atteindre tel que « vue de la page » présentant le webinaire sur votre site Internet.

Autre conseil, il vaut mieux concentrer son budget sur une période courte – toujours dans une logique d'entraînement de l'IA – plutôt que de le diluer sur une période longue. En d'autres termes, quand votre budget est limité, acceptez de dépenser plus par jour sur une période courte.

Vous l'aurez compris, c'est la qualité, la justesse de votre publicité et l'appel à l'action choisi qui vont permettre à l'IA d'exposer votre campagne à la bonne audience.

CONSEIL PRATIQUE

> Dans cette même étape, vous devez choisir l'emplacement de diffusion de votre campagne. Choisissez « placements manuels » pour pouvoir sélectionner Instagram.

Étape # 3 – Publicités

Là encore, les conseils concernant la création de votre publicité vont dépendre de l'objectif de votre campagne.

→ **Cas # 1 :** vous avez un objectif de notoriété et d'image.

Votre publication sponsorisée doit ressembler le plus possible à une publication organique bien travaillée. D'ailleurs, vous pouvez tout à fait décider de soutenir une publication organique par de la publicité.

→ **Cas # 2 : vous avez un objectif plus marchand.**

Par exemple : générer des visites de votre site Internet, des inscriptions à un webinaire, l'achat d'un produit. Dans ce cas, un travail spécifique de l'annonce s'impose.

Gardez en tête que lorsqu'un internaute voit une publicité, il va s'attacher tout d'abord au visuel. Comme pour l'organique, c'est lui qui va devoir stopper le scroll de l'internaute. Puis cette personne va s'attacher au texte, voir le logo et enfin, l'appel à l'action.

CONSEILS PRATIQUES

› Si vous sponsorisez une publication, choisissez une publication qui a bien fonctionné en organique. Se dire que la publicité va aider à diffuser un contenu qui n'a pas beaucoup plu est illusoire.

› Faites-le auprès d'une audience qui ne vous connaît pas encore. Vous pouvez par exemple exclure les personnes abonnées à votre compte.

Concentrons-nous sur l'élément visuel choisi. Si vous avez un objectif de notoriété, la vidéo fonctionne bien. Si en revanche, vous souhaitez faire agir (acheter par exemple), une image ou un carrousel seront plus efficaces.

Sachez qu'auparavant, il était interdit par Meta de mettre plus de 20 % de texte sur une image, ce qui n'est plus le cas désormais. Donc lorsque vous fabriquez vos images, pensez à ce qui va inciter à l'action. Un verbatim client avec sa photo donne envie d'en savoir plus. Une promotion crée un sentiment d'urgence pour en profiter. Là encore pour vous inspirer, passez un peu de temps sur Instagram, pour trouver des idées.

CONSEILS PRATIQUES

> Ne mettez pas le logo dans l'image, ça ne sert à rien puisque l'icône de la page apparaît toujours avec votre publicité.

Quels outils pour animer votre compte

Un vaste écosystème de solutions s'est développé autour de l'animation d'un compte Instagram. Nous allons ici nous concentrer sur celles qui vous seront les plus utiles et qui sont gratuites.

Programmer vos publications

Meta Business Suite

Cet outil gratuit de Meta vous permet de programmer vos publications de posts sur Instagram comme sur Facebook.

Pour pouvoir l'utiliser, vous devrez préalablement avoir créé une page Facebook – sans aucune obligation de l'animer – et associer cette page à votre compte Instagram. C'est normalement ce que vous avez déjà fait si vous voulez pouvoir créer des publicités sur Instagram.

Pour accéder à Meta Business Suite, rendez-vous sur votre page Facebook (sur ordinateur par exemple), puis sélectionnez Meta Business Suite dans la colonne de gauche.

Vous accédez ensuite à une véritable interface d'animation de votre compte (voir capture d'écran). Dans Meta Business Suite, vous pouvez visualiser et traiter l'ensemble de vos notifications et messages. L'interface vous permet de piloter à la fois votre page Facebook et votre compte Instagram si les deux sont actifs.

En ce qui concerne la création et la programmation de contenus, les deux sous-menus utiles dans l'interface seront « agenda » et « contenu ».

→ « Agenda » pour visualiser l'ensemble des publications publiées et déjà programmées.

→ « Contenu » pour créer et programmer vos publications.

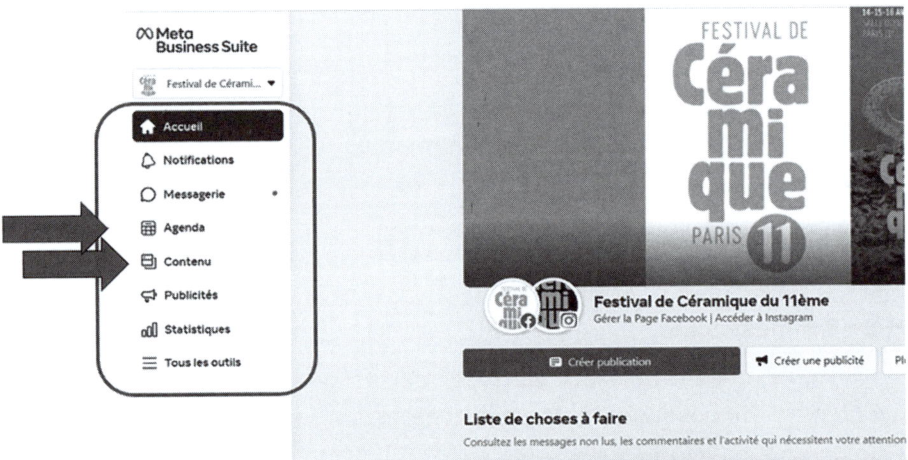

Page d'accueil de la Meta Business Suite

L'interface de création des publications est très intuitive et vous pouvez maintenant l'utiliser pour créer et programmer un post, une story et un reel. Vous pouvez y poster sur Instagram et sur Facebook.

Il existe d'autres outils pour programmer vos publications, parmi lesquels Agorapulse, Iconosquare, Later ou Buffer. Seuls Agorapulse et Later offrent une version gratuite. Ces outils peuvent être intéressants si vous avez besoin de programmer des publications sur des médias sociaux additionnels en plus de Facebook et Instagram.

CONSEILS PRATIQUES

› Pour Instagram, préparez vos photos au bon format préalablement (format carré).

› Les horaires recommandés peuvent être un peu fantaisistes. Choisissez-les sur la base de l'analyse des statistiques de connexion de vos followers.

Créer vos éléments visuels

Comme évoqué précédemment, nombreux sont les indépendants et petites entreprises qui utilisent Canva pour créer des visuels.

Cet outil permet de créer vos propres visuels (photo de posts, story ou reel) à partir de modèles ou bien à partir d'une « feuille blanche » au bon format.

Par exemple, vous voulez créer une story composée de 4 photos qui se succèdent, sélectionnez dans Canva le format Instagram Story. Vous pouvez alors :

→ choisir un modèle de mise en page déjà existant et remplacer les éléments qui ne vous conviennent pas (le texte, la photo de fond…) ;

→ créer votre propre visuel en rajoutant une photo, du texte, des formes sur le fond blanc qui vous est proposé.

Téléchargez ensuite les visuels créés.

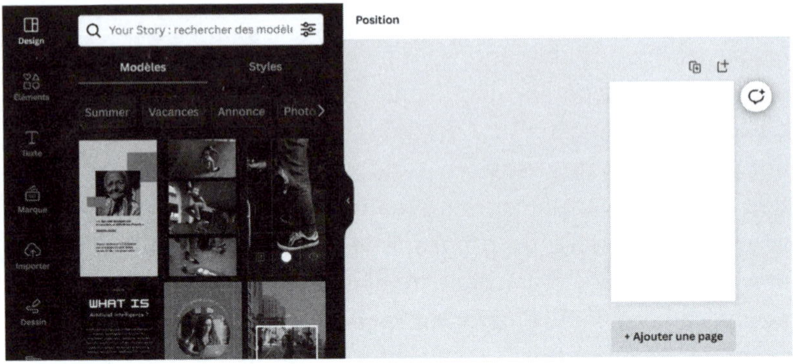

Interface de création d'une story Instagram sur Canva. À gauche de l'écran des modèles que l'on peut utiliser. https://www.canva.com/

Bon à savoir

Canva a également lancé une application mobile.

Pour compléter cette partie consacrée à la création d'éléments visuels, il existe également des banques d'images libres de droits dans lesquelles vous pouvez trouver des photos à télécharger et à utiliser.

→ Unsplash.com – https://unsplash.com/fr

→ Pixabay – https://pixabay.com/

→ Pexels – https://www.pexels.com/fr-fr/

Associer plusieurs URL à votre lien de bio

Souvent, sur les médias sociaux, il n'est possible de mettre qu'un seul lien dans la bio de ses comptes. Des outils tels que Linktree sont souvent utilisés pour créer facilement une page de présentation contenant des liens vers d'autres espaces médias sociaux, un site Internet, des articles de blogs...

Comme Canva, Linktree fonctionne en freemium et la version gratuite suffit souvent.

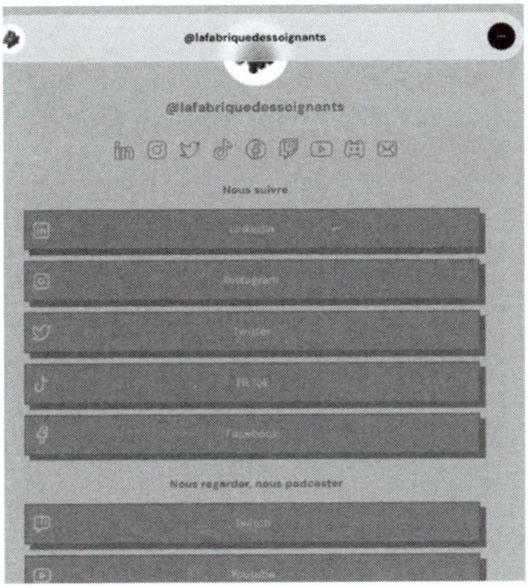

→ Linktree de la Fabrique des soignants. Chaque bouton de la page pointe vers le compte de l'initiative sur différents médias sociaux. https://linktr.ee/lafabriquedessoignants.

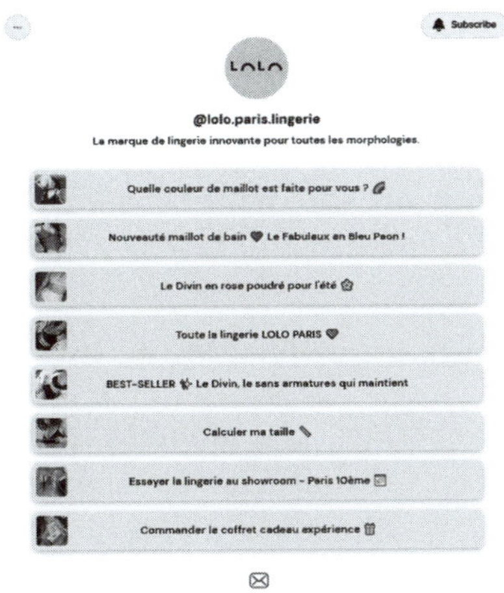

→ Linktree de Lolo Paris Lingerie. Liens vers des articles conseils de leur blog, le site Internet, un moteur de choix.

https://linktr.ee/lolo.paris.lingerie.

Dans les compléments en ligne (voir QR Code en page 4), vous trouverez une sélection d'outils additionnels.

Mesurer ses résultats

■ ■ ■ Pour optimiser vos efforts sur Instagram et prendre des décisions d'investissement (le temps à y consacrer ou le budget) par rapport à d'autres médias sociaux, il est essentiel de créer un tableau de bord de suivi et d'analyser vos statistiques. De plus, regarder les performances individuelles des publications partagées vous permet d'ajuster votre ligne éditoriale et d'optimiser vos publications au fil du temps.

Vous pouvez accéder aux statistiques directement dans l'application mobile Instagram. Cependant, l'interface de statistiques de Meta Business Suite est plus riche et permet d'accéder à un an d'historique de vos données (contre 90 jours pour l'application mobile). C'est donc sur cette dernière que nous nous appuierons. Enfin, pour rappel, seuls les comptes professionnels et créateurs ont accès aux statistiques. Meta met à disposition un outil puissant pour nous inciter à acheter de la publicité.

Quatre catégories de statistiques intéressantes

→ **Les résultats obtenus globalement par votre compte** : nombre de followers, nombre de publications et de stories, couverture de l'ensemble de vos publications sur une période donnée... Muni de ces informations, vous pouvez valoriser votre action sur Instagram et la comparer à ce que vous réalisez sur d'autres médias sociaux.

→ **Les informations concernant le profil de vos abonnés** : permet de vous assurer que vous attirez bien des personnes susceptibles de devenir client ou d'être en relation avec des clients potentiels.

→ **Les résultats de vos publications et stories** : pour comprendre ce qui résonne auprès de votre audience et ajuster vos futures publications tant en termes de format que de thème.

→ **Les jours et horaires de présence de vos followers** sur Instagram : pour choisir les meilleurs moments de publication.

CONSEILS PRATIQUES

› Utilisez la fonctionnalité « benchmarketing » de Meta qui vous permet de comparer vos résultats et votre activité à d'autres comptes.

› Choisissez plutôt des entreprises similaires à la vôtre et qui ont de bonnes pratiques. Vous benchmarker à une grande entreprise très active et bien dotée budgétairement vous découragera.

Quelques définitions utiles

→ **Les followers** : comme nous l'avons vu précédemment, il s'agit des comptes qui s'abonnent à votre compte. Surveiller l'évolution du nombre de followers est évidemment important. Néanmoins, ce résultat historiquement très important l'est moins maintenant. L'emphase forte mise par l'algorithme d'Instagram sur l'engagement doit nous inciter non pas à travailler la quantité d'abonnés mais bien leur qualité. Donc oui, vous rajouterez l'évolution de vos followers à votre tableau de bord, mais ne lui donnez pas trop d'importance.

→ **Les « arrêts de suivi » :** il s'agit des personnes qui arrêtent de suivre votre compte. Regardez attentivement le nombre d'« arrêts de suivi » notamment si vous faites des changements conséquents d'animation de votre compte, que vous organisez des concours, des opérations avec des influenceurs. Ils traduisent un manque d'intérêt net pour votre contenu. S'ils surviennent suite à une opération qui vous a permis de faire croître votre nombre d'abonnés, posez-vous la question de la pertinence des abonnés obtenus par rapport à votre cible première de publication. Sachez enfin que les « arrêts de suivi » peuvent être associés à des personnes qui pratiquent le « follow/unfollow » – ils suivent des comptes pour être suivi en retour et si vous ne les suivez pas après un certain laps de temps, ils se désabonnent de votre compte. De toute évidence, perdre ce type de followers est plutôt une bénédiction dans la mesure où ils s'engagent peu sur vos publications.

→ **La couverture** : sur une période donnée, la couverture vous donne le nombre de comptes Instagram qui ont vu votre contenu ou votre compte. C'est une statistique essentielle pour comprendre le pouvoir d'influence de votre compte. Vous pouvez également regarder la couverture moyenne des formats de contenus ce qui en général vous amène à privilégier reels et carrousel. Dans l'univers des médias sociaux, la « couverture » est également appelée « portée ».

→ **Les interactions** : cette donnée regroupe les « j'aime », les commentaires et les partages de publications. À noter que les enregistrements de publication ne sont pas comptabilisés dans les interactions alors qu'ils sont pris en compte par l'algorithme pour évaluer l'intérêt d'une publication. Dans l'univers des médias sociaux, les « interactions » peuvent être appelées « engagement ». Dans tous les cas, lorsque vous comparez deux médias, vérifiez comment chacun calcule le nombre d'interactions ou d'engagement quand un score composite vous est fourni.

→ **Les impressions** : ce chiffre nous donne le nombre de fois où une publication a été vue. Une publication vue 3 fois par une même personne donnera 3 impressions pour une couverture de 1.

Comment utiliser efficacement les statistiques ?

Une fois par mois

→ Mettez à jour votre tableau de bord Instagram. Vous en trouverez un exemple dans les compléments en ligne (voir QR Code en page 4).

→ Analysez les publications/stories qui ont le mieux fonctionné et également celles qui ont le moins bien fonctionné. Établissez des hypothèses pour expliquer les résultats et mettez en œuvre au moins un ajustement ne serait-ce qu'à titre de test. Il peut s'agir de tester un nouvel horaire de publication, un nouveau format, un thème de publication...

→ Si vous avez un peu plus de temps, regardez dans l'interface « benchmark » des statistiques de Meta Business Suite, observez les résultats de vos concurrents et rendez-vous sur leur compte pour déceler des bonnes pratiques ou des exemples d'actions que vous voulez tester.

Dans la plupart des cas, l'objectif que vous allez attribuer à Instagram est un objectif d'image et de notoriété. La portée de vos publications et stories, le nombre cumulé d'impressions obtenues et le nombre d'engagements, sont les principales données à suivre dans le temps.

Ponctuellement : analysez les résultats des opérations spéciales

Une campagne publicitaire, une collaboration avec un autre compte, un jeu concours pour votre communauté... Analysez à chaud les résultats en portant attention à ce qui correspond à votre objectif.

→ La collab doit vous aider à recruter de nouveaux followers, regardez l'évolution du nombre d'abonnés.

→ Une opération avec un influenceur doit générer des ventes, regardez par exemple l'usage du code promo que vous leur avez proposé.

Cela signifie également que lorsque vous réfléchissez à une opération, clarifiez l'objectif poursuivi et vérifiez que vous avez bien les moyens de traquer les résultats.

Au moins une fois par an : analysez votre communauté

L'interface de statistiques vous permet d'obtenir des données de genre, d'âge et de localisation de vos abonnés. La question que vous vous posez lorsque vous analysez ces résultats concerne la pertinence de ces profils par rapport au profil de vos clients. Il faut regarder si la dissociation est trop grande, ou bien si cela peut vous ouvrir à de nouvelles opportunités de business auxquelles vous n'aviez pas pensé. C'est également pertinent lorsque vous n'attirez pas la bonne cible sur votre compte et que vous devez revoir votre ligne éditoriale.

L'essentiel

Pour recruter des abonnés, utilisez tous les outils de communication à votre disposition en dehors d'Instagram et soyez actif sur l'application, non seulement en publiant mais aussi en vous engageant sur les publications d'autres comptes.

Travailler avec des influenceurs et collaborer avec d'autres instagrameurs peut vous aider à développer votre communauté mais cela peut être chronophage.

Mesurer vos résultats, analyser les publications qui fonctionnent vous permet de mieux animer votre compte, ne serait-ce que pour publier au bon moment.

Acheter de la publicité reste abordable pour un indépendant ou une petite entreprise.

Vers un plan d'action

- Listez les outils de communication à votre disposition pour communiquer.
- Identifiez des comptes intéressants pour vous et pour votre audience et interagissez avec eux.
- Analysez les statistiques de vos 1res publications et regardez les horaires de présence sur Instagram de vos 1ers abonnés.

5
Se lancer sur TikTok

Objectifs

- Comprendre les codes de TikTok.
- Créer son compte.
- Faire émerger ses vidéos.
- Analyser les statistiques.

Le ton unique de TikTok, la puissance de son algorithme et son caractère addictif en font un rival puissant d'Instagram et de YouTube. Ce chapitre vous permet d'appréhender pleinement les recettes du succès sur TikTok et de valider l'intérêt qu'il peut présenter pour vous.

Comprendre TikTok

■■■ Sur la page d'accueil de votre application TikTok s'affiche un flux continu de vidéos courtes, les TikToks – marque de fabrique du média. Ce flux correspond à l'onglet appelé « Pour toi ». Il s'agit de vidéos choisies par l'algorithme de TikTok et qui correspondent aux préférences de l'utilisateur.

Sur TikTok, tout se joue dès les premières secondes. Pour s'en convaincre, regardez la manière dont les adolescents scrollent frénétiquement sur leur téléphone portable, d'une vidéo à l'autre.

Tout comme les autres réseaux sociaux, un utilisateur peut suivre votre compte – ce qui correspond au follow d'Instagram. Si vous le suivez en retour, vous devenez « amis », logique empruntée à Snapchat.

Lorsque vous utilisez l'application pour créer un TikTok, celui-ci ne peut pas durer plus de 3 minutes. Depuis 2022, il est possible de téléverser une vidéo d'une durée plus longue mais elle reste limitée à 10 minutes.

Le tour de l'application

En haut de votre écran – de droite à gauche

→ **La recherche.** Vous pouvez trouver des contenus en faisant une recherche par mot clé ou par hashtag… Et aussi par musique utilisée. C'est là une des spécificités de TikTok et nous reviendrons là-dessus plus loin.

→ **L'onglet « Pour toi » :** il s'agit du contenu sélectionné pour chaque utilisateur en fonction de ce qui l'intéresse (thématiques, traitement de l'image, vidéos auxquelles il a déjà réagi…).

CONSEILS PRATIQUES

› Approchez TikTok en vous mettant dans la peau de votre audience.

› Demandez à un échantillon de personnes cibles ce qui les bluffe ou divertit sur TikTok – et ce, sans jugement aucun.

› Abonnez-vous aux comptes auxquels les personnes cibles s'abonnent. Regardez jusqu'à la fin les vidéos susceptibles de les intéresser. Sauvegardez-les. Lorsque vous faites cela, vous entraînez l'algorithme de TikTok et vous verrez de plus en plus de contenus intéressants pour votre cible.

La capacité de l'algorithme à vous présenter du contenu qui vous fait rester sur TikTok est phénoménale. C'est là toute sa force. Lorsque vous démarrez sur TikTok, il est évidemment indispensable pour vous de vous familiariser avec l'application et de consommer beaucoup de contenus pour capter les spécificités de ce média.

→ **L'onglet « Suivis » :** vous y retrouvez les vidéos des comptes auxquels vous êtes abonnés.

→ **L'onglet « Explorer » :** organisé en grille, il vous permet de découvrir des vidéos. Contrairement au flux d'accueil, les vidéos sont ici statiques et représentées par une vignette. C'est un moyen de découvrir facilement des vidéos autour de hashtags, de créateurs ainsi que du contenu sponsorisé. Ce contenu est choisi parce qu'il est récent et correspond aux tendances du moment.

→ **L'onglet « Live » :** ce sont les vidéos « en direct » au moment où vous vous connectez à votre compte. Sachez qu'il faut plus de 1 000 abonnés pour pouvoir lancer un live.

En bas de votre écran – de droite à gauche

→ **Profil :** à la création de votre compte, rendez-vous y pour personnaliser votre compte. À partir de cet onglet, vous accédez aux outils pour les créateurs, à votre interface de paramétrage. Vous retrouvez également sur cet écran les vidéos que vous avez produites. En fonction de vos paramétrages de publication, ces vidéos sont visibles de tous, uniquement de vos amis ou de personne. L'onglet profil vous permet également de retrouver ce que vous avez sauvegardé (un son ou un effet par exemple) et les TikToks que vous avez aimés.

→ **L'onglet « Inbox » (ou boîte de réception)** : vous y trouvez les messages privés qui vous sont adressés. Pour une bonne animation de compte, il est important de répondre aux messages que vous recevez.

→ **L'onglet** « **+** » : pour créer vos vidéos directement dans l'application. Nous verrons comment l'exploiter dans la partie animation de ce chapitre.

→ **L'onglet « Amis » :** à l'heure où nous finalisons ce livre, l'onglet « amis » serait en cours de disparition donc ne vous alarmez pas si vous ne le voyez pas sur votre écran. Il regroupe le contenu des abonnés auxquels vous vous êtes abonné en retour ainsi que d'autres comptes suggérés par TikTok.

→ **Quelles actions sont possibles sur TikTok ?**

Comme sur les autres médias sociaux, vous pouvez « aimer », « commenter », « enregistrer » ou « repartager » une vidéo. Lorsque vous repartagez, vous pouvez soit la repartager dans l'appli soit la repartager sur un autre média social, tel que Whatsapp ou Facebook. Ces options de repartage ont bien évidemment aidé au développement de l'application. Nous vous déconseillons néanmoins de les partager sur Instagram et Facebook par exemple car les deux médias de Meta pénalisent le contenu créé sur d'autres plateformes.

Le ton TikTok

Sur TikTok, le ton est extrêmement informel. Le tutoiement est de rigueur – y compris dans les FAQ.

Les utilisateurs se mettent facilement en scène et l'humour y est omniprésent. La musique joue un rôle important. L'enjeu pour tous les créateurs de contenus est d'arriver à arrêter le scroll du socionaute en une ou deux secondes afin qu'il s'attarde sur leur contenu. Il indique ainsi à l'algorithme de TikTok que ce contenu est digne d'intérêt. Ce dernier va alors le proposer à un public de plus en plus large.

TÉMOIGNAGE

Amel Abbas-Turki – Lovecoach, thérapeute de couples @latelierdamel

TikTok c'est vraiment facile pour moi. Je me balade avec mon micro-cravate et mon pied et quand je suis inspirée je fais la prise. Une seule prise et c'est bon. D'ailleurs, si je prépare, je crois que je ne suis pas bonne. Par ailleurs, le tutoiement m'est venu naturellement alors que quand j'accompagne des couples en coaching je les vouvoie.

J'ai recommandé TikTok à des copines coach elles aussi mais elles ont plus de mal à lâcher prise. Or, sur TikTok, il vaut mieux être dans le lâcher prise et la spontanéité. Je me filme comme je suis et si mes cheveux sont loin d'être parfaits, aucune importance !

C'est cette spontanéité qui fait que je me sens à l'aise sur TikTok et que j'ai complètement délaissé Instagram.

Les spécificités de TikTok

→ **Les challenges :** ce sont des défis vidéos lancés à la communauté pour effectuer une action comme une chorégraphie, l'usage d'un filtre, une imitation... Un challenge est accompagné d'un hashtag qui permet sa viralisation sur l'application. Les utilisateurs sont invités à produire le contenu en suivant des instructions et à accompagner leur production du hashtag associé au challenge. En faisant une recherche par mot clé ou en cliquant sur ce hashtag, il est facile aux utilisateurs de retrouver tout le contenu créé.

Le concept de challenge n'est ni nouveau, ni inventé par TikTok. En 2014, sur Facebook, le « Ice Bucket Challenge » popularisé en son temps par Facebook, avait vu Mark Zuckergberg ou Bill Gates entre autres célébrités se vider un seau d'eau froide sur la tête pour lever des fonds au profit de l'association luttant contre la maladie de Charcot. Mais c'est bien TikTok qui a le mieux réussi à en tirer parti pour développer son audience.

→ **Les trends** : il s'agit d'un type de contenu populaire sur TikTok, souvent éphémère dans la mesure où il suit les tendances actuelles de la communauté. Une trend peut prendre plusieurs formes. Cela peut concerner la musique choisie pour le TikTok, des *lip syncs* (se filmer en chantant en playback), des challenges de danse, des hashtags populaires, des filtres en réalité augmentée, des modes de création de contenu ou de narration…

Les utilisateurs de TikTok peuvent participer à ces tendances en créant leur propre contenu original, en s'inspirant du contenu existant, ou en participant aux défis lancés par d'autres créateurs. Un challenge peut être une trend mais toutes les trends ne sont pas des challenges.

→ **Les POV ou P.O.V. (*Point of view*) #POV** : type de vidéos très utilisées sur TikTok. Les POV fonctionnent comme une consigne d'improvisation théâtrale. Vous énoncez une situation puis vous jouez la scène en la filmant.

Voici un exemple de POV ou la consigne serait : « POV Tu rencontres le petit ami de ta fille… ». Le TikTokeur se met en scène en filmant sa réaction dans le rôle du père, en mettant en scène les questions qu'il pose, l'attitude qu'il adopte…

Le POV (la consigne) apparaît clairement sur le TikTok dans la description. Généralement, les POV appartiennent au registre de l'humour.

La fonctionnalité Duo

Cette fonctionnalité permet de publier sa vidéo côte à côte avec une vidéo d'un autre utilisateur de TikTok. Le Duo contient alors les deux vidéos en écran partagé et elles sont vues en même temps. Il permet donc de compléter la vidéo de n'importe quel créateur sur l'application.

Pour faire un Duo, les deux utilisateurs doivent avoir autorisé le Duo dans les paramètres de leur profil sur l'application. Si ce n'est pas le cas, l'invitation à celui qui n'a pas activé le paramétrage n'aboutit pas. Sachez que par défaut, tout compte TikTok est paramétré pour autoriser les Duos avec n'importe qui sur la plateforme. Vous pouvez choisir de limiter les Duos aux followers que vous suivez en retour ou n'autoriser personne à créer un Duo avec vous.

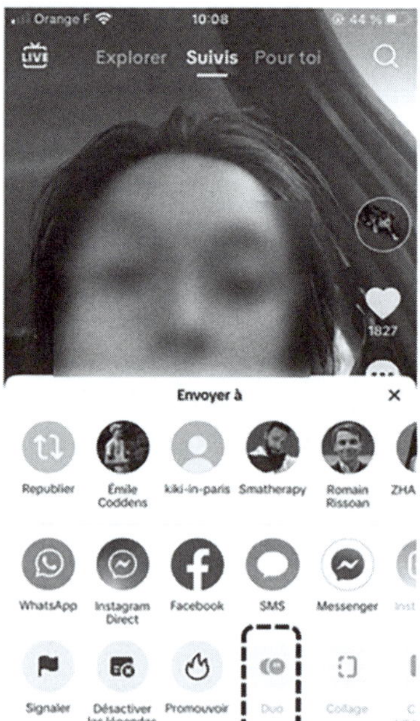

Voici la méthode pour paramétrer le Duo :

Voir Compte > Paramètres et Confidentialités > Confidentialité > Duo

Dans cet exemple, l'utilisateur a désactivé la fonction Duo (le bouton est grisé). Il est possible de le faire pour un TikTok en particulier ou bien pour l'ensemble de vos productions.

La fonction « Collage »

Cette fonction permet de reprendre tout ou une partie de la vidéo d'un autre utilisateur. Comme pour les Duo, le créateur de contenu peut interdire le collage de sa vidéo et la plateforme paramètre par défaut votre compte sur « tout le monde ». En d'autres termes, si vous ne modifiez pas vos paramètres, tout utilisateur de TikTok pourra alors reprendre une de vos vidéos pour l'intégrer dans la sienne. L'intérêt pour vous, quand quelqu'un repartage votre vidéo, c'est de gagner en visibilité mais le risque est que vos propos soient détournés. À vous de faire la balance risque/bénéfice.

Voici le chemin pour paramétrer le collage :

Compte > Paramètres et Confidentialités > Confidentialité > Collage

Pour toutes vos questions sur les fonctionnalités de TikTok et ses paramétrages : https://support.tiktok.com/

Créer son compte

Choisir le type de compte

Sur TikTok, il existe deux typologies de compte : les comptes personnels et les comptes entreprises. Lorsque vous créez votre compte TikTok, il est par défaut paramétré comme un compte personnel.

CONSEIL PRATIQUE

> Il est possible de passer un compte personnel en privé. Cela peut être utile pour tester les fonctionnalités de création de contenu avant le lancement de votre compte ou réserver votre identifiant.

Bon à savoir

Il n'existe pas de compte « créateur » sur TikTok, mais certaines fonctionnalités avancées de TikTok ne sont disponibles que pour des comptes personnels qui remplissent certaines conditions.

Notamment :

- Être basé dans une liste courte de Pays dont la France fait partie.
- Avoir plus de 18 ans.
- Avoir plus de 1 000 abonnés.
- Avoir publié au moins 3 vidéos dans les 30 derniers jours.

AVIS D'EXPERT

Sélène Godoy Cortez, experte TikTok

Comment choisir entre compte personnel et compte entreprise sur TikTok ?

Je recommande de rester en compte personnel dans la majorité des cas enfin si vous n'êtes pas une grosse entreprise. En effet, TikTok considère – à juste titre – le compte Entreprise comme un compte commercial dont l'objectif est de faire de l'argent. La première implication, et elle n'est pas des moindres, c'est que les comptes entreprises ont accès à une bibliothèque de contenus musicaux très imitée par rapport à un compte personnel.

Par ailleurs, j'ai testé le passage de compte personnel à compte professionnel et j'ai perdu toutes les statistiques précédant ce changement. Je ne sais pas s'il s'agissait d'un bug de la plateforme mais dans tous les cas, je ne conseille pas non plus aux entrepreneurs que j'accompagne de switcher sans une bonne raison d'un type de compte à un autre.

Pour moi, TikTok n'offre pas de réel avantage au compte entreprise *vs* un compte personnel.

Voici le chemin -au cas où- pour passer de compte personnel à compte entreprise :

Paramètres > Paramètres et confidentialité > Compte > Passer en compte entreprise

Créer votre compte

Vous pouvez créer votre compte TikTok après avoir chargé l'application sur votre téléphone portable ou bien sur ordinateur.

La création du compte est rapide et vous pouvez modifier les informations saisies par la suite.

Vous pouvez créer votre compte en renseignant un numéro de téléphone ou une adresse mail. Vous pouvez également choisir de vous appuyer sur votre compte Facebook, Google ou Twitter. Ce choix n'est pas neutre. Pour choisir, demandez-vous de qui vous souhaitez être visible sur TikTok.

→ Si vous voulez que TikTok signale aux membres de votre carnet d'adresses que vous avez un compte sur la plateforme, choisissez de renseigner votre numéro de téléphone ou votre mail. Cela vous permettra de gagner plus rapidement vos premiers abonnés.

→ Votre compte Google est lié à une adresse Gmail donc par défaut, TikTok s'appuiera sur votre carnet d'adresses Gmail.

→ Si au contraire, vous ne tenez pas à être trop visible de vos contacts et que vous avez un compte Twitter, choisissez ce réseau pour créer votre compte.

→ Quant à Facebook, TikTok peut synchroniser les contacts et les amis Facebook avec votre compte TikTok (voir « paramètres et confidentialité > « confidentialité » > « synchroniser les contacts et les amis Facebook ».)

Vous l'aurez compris, il n'y a pas de bon ou mauvais choix. C'est votre stratégie de contacts sur TikTok qui dicte votre décision.

Enfin, si vous choisissez Facebook, Google ou Twitter, TikTok reprendra en photo de profil celle que vous avez mise sur ces plateformes.

Vous pouvez modifier plusieurs paramètres sur votre profil TikTok :

→ **Photo :** il est préférable d'éviter d'utiliser le logo de votre entreprise. Sur TikTok vous allez incarner votre activité, vous mettre en scène donc privilégiez une photo de vous.

→ **Nom d'utilisateur** : il correspond à votre identifiant (@). Vous avez tout intérêt à ce qu'il soit cohérent avec l'identifiant utilisé sur vos autres médias sociaux. Plus il est court, mieux c'est – l'enjeu reste la mémorisation. Sur TikTok il est limité à 24 caractères (le tiret est exclu).

→ **Nom** : il apparaît directement sur vos vidéos et est limité à 30 caractères. Il peut tout à fait être directement inspiré par votre nom d'utilisateur ou bien venir en complément. Là encore, essayez d'être cohérent par rapport à ce que vous avez fait sur Instagram.

→ **Bio** : limitée à 80 caractères, elle doit avant tout parler de qui vous êtes et/ou de ce qui vous intéresse.

→ **Site Internet** : ajouter le lien vers son site Internet est possible pour les comptes entreprises ou les comptes personnels de plus de 1 000 abonnés.

TÉMOIGNAGE

Amel Abbas-Turki – Lovecoach, thérapeute de couples @latelierdamel

Mon entrée sur TikTok s'est faite d'une manière très spontanée. Ma dernière fille me dit « Tu sais sur TikTok, il y a des gens qui font ton métier. Si tu veux maman, je vais créer ton compte et je commence à te filmer » . C'est exactement ce qu'elle a fait. La journée s'écoule et en fin de journée, je lui dis « Mais c'est quoi ce réseau, j'ai gagné 1 000 abonnés aujourd'hui ! » . C'est ainsi que tout a commencé.

Nous étions en mars 2022. L'été suivant, je voyais qu'il y avait de plus en plus d'abonnés. Je ne savais pas trop comment. J'avançais de manière très instinctive. Et petit à petit, ce mode de partage spontané sur le thème de l'amour qui est essentiel pour moi est devenu une évidence.

J'ai longtemps résisté avant d'accepter ce terme de love coach ! Depuis j'ai créé plus de 700 vidéos sur ce sujet et j'ai 60 000 abonnés.

Créer vos contenus

Réfléchir à sa ligne éditoriale

Vous allez avant tout utiliser TikTok pour vous faire connaître. Il est extrêmement difficile de vendre, même des services, grâce à TikTok. Dès lors, quand vous pensez à votre ligne éditoriale, vous devez vous concentrer sur trois éléments :

→ Qui est votre cible prioritaire ?

→ Qu'est-ce qui l'intéresse voire la préoccupe ?

→ Quelle image voulez-vous projeter ? Quels sujets vous intéressent ? Que souhaitez-vous transmettre ?

Comme pour Instagram, l'exercice de définition de ligne éditoriale dans notre contexte consiste à lister des types et thématiques de vidéos.

Voici quelques exemples de lignes éditoriales :

Pour un...	Thèmes
Expert en IA	Des prompts ChatGPT. Découverte d'une IA ou d'un outil. Un chiffre clé et ce que cela implique pour nous. Un cas d'usage (Comment j'utilise XXX pour et ce que cela m'apporte).
Professeur de Yoga	Une posture décrite et décomposée pour pouvoir être refaite facilement. Une respiration ou un exercice à faire quand nous sommes face à une situation précise. Une réflexion à propos d'une situation ou d'un écrit qui vous a ému.
Dresseur canin	Des conseils associés à une situation précise. Des erreurs à éviter (et pourquoi). L'exercice du jour.
Architecte d'intérieur	La découverte d'un chantier (avant). La livraison d'un chantier. Un choix à faire sur un chantier. Un « vis ma vie ». Un objet qui vous inspire. Une tendance (couleur par exemple).

AVIS D'EXPERT

Sélène Godoy Cortez, experte TikTok

Vous prônez une approche assez niche du travail éditorial sur TikTok, pourquoi ?

Les entreprises hésitent à définir et à communiquer à une audience hyper ciblée sur TikTok par peur de rater des opportunités. Or, ce n'est pas du tout mon expérience. Une approche niche, la définition d'une cible très précise permet d'avoir un discours très juste... pour cette cible.

Le taux d'engagement sera meilleur parce que l'audience entrera en résonance avec le contenu et, comme TikTok est une plateforme d'engagement, les vidéos suscitant le plus d'interaction seront favorisées par l'algorithme qui les présentera à d'autres personnes au profil similaire et la viralité se mettra en place.

L'une des vidéos qui a le mieux fonctionné sur mon compte était une vidéo qui commençait par « Coucou les 2005 » et qui s'adressait spécifiquement à une tranche d'âge de bacheliers. Elle m'a rapporté 100 000 abonnés !

TÉMOIGNAGE

Linda Smith, Mentor pour Creative Visionaries installée à Boulder, Colorado

Au moment où je lançais mon compte TikTok, j'étais accompagnée par une coach pour le positionnement de mon activité et son lancement. Elle m'a fait travailler sur la *persona* de ma cible prioritaire[1], m'incitant à décrire ses points de douleur, ce qui l'empêche de dormir la nuit.

J'accompagne de jeunes adultes qui ont des parcours un peu atypiques parce qu'ils sont eux-mêmes atypiques. Cet exercice de *persona* m'a vraiment aidé à trouver les mots justes et les sujets intéressants pour eux. Quand je commence à me filmer je m'adresse directement à ma *persona*.

Types de contenus sur TikTok

→ **Vidéos appelées TikToks :** c'est le format le plus connu de contenu sur TikTok. Ce sont des vidéos prises à la verticale,

1. Une *persona* est une personne fictive qui représente une cible. L'exercice de définition d'une persona consiste à décrire cette personne, ses goûts, ses préférences, ses points de douleur aussi (ce qui l'empêche de dormir la nuit), ses habitudes de consommation media, ses attentes...

auxquelles on peut rajouter de la musique, des filtres, des effets... TikTok, Snapchat, Instagram et YouTube se copient allégrement pour nous offrir des possibilités toujours plus riches de créer des visuels et des vidéos au sein de leur plateforme.

Les TikToks peuvent maintenant faire jusqu'à 10 minutes. Néanmoins, les formats courts sont à privilégier pour capter l'attention des utilisateurs.

Bon à savoir

Les créateurs de contenus bénéficiant d'une communauté de plus de 10000 abonnés peuvent monétiser leur audience auprès de TikTok quand leur vidéo dure plus d'une minute. L'application s'est ici largement inspirée de YouTube.

TÉMOIGNAGE

Michaël Aguilar, conférencier international professionnel, auteur de 12 best-sellers

Lorsque je partage du contenu sur les médias sociaux, je m'impose une règle, il faut que ce contenu soit RED.

R pour réfléchir, il faut qu'il permette à mon auditoire de progresser ou de remettre en question certaines pratiques ou idées.

E pour enrichir. Faute de l'aider à réfléchir, il peut permettre de s'enrichir, de faire progresser son activité.

Ou D pour divertir.

Si le contenu que je m'apprête à poster ne correspond pas à au moins une des 3 lettres, je ne le poste pas. Je vous garantis que si nous nous imposions tous cette règle, les médias sociaux seraient beaucoup moins encombrés.

→ **Live** : vous pouvez organiser un live sur TikTok dès que vous avez plus de 1000 abonnés. Lorsque vous déclenchez votre live, certains de vos abonnés en sont notifiés. Cela va dépendre de leur paramétrage et également de leurs habitudes. Si lorsque vous êtes en live, ils assistent ou participent à votre live, ils seront notifiés des prochains.

TÉMOIGNAGE

Amel Abbas-Turki, Lovecoach, thérapeute de couples @latelierdamel

J'organise régulièrement des lives sur TikTok. Au début je voulais m'astreindre à un jour et un horaire particulier ou bien donner rendez-vous à mon audience. Cette contrainte ne me convenait pas. Je ne suis pas dans l'envie de parler de mes sujets à horaire fixe. Donc maintenant, je déclenche un live quand l'envie me prend. C'est vraiment une question d'humeur de l'instant.

Le live est vraiment un outil fabuleux pour prendre le poul de son audience, renforcer le lien. À chaque fois que je fais un live j'en ressors avec des idées de thèmes de publication. À date, j'ai probablement fait plus de 800 TikTok sur le sujet de l'amour, de la relation à l'autre, de la relation à soi. Sans les lives et les questions qui m'y sont posées, il me serait moins simple de trouver de nouveaux sujets.

Enfin, dans les interactions des lives, il peut y avoir des haters. Au début je les ignorais jusqu'au jour où une de mes abonnées m'a dit que leurs interventions l'empêchaient de bien suivre le live. Depuis je les bloque.

Créer ses TikTok

Avant d'entrer dans les détails de la création de vidéos sur TikTok. Quelques conseils pour bien démarrer.

Lorsque vous publiez votre toute première vidéo, TikTok teste votre capacité à créer du contenu engageant en la suggérant dans

CONSEILS PRATIQUES

> Imprégnez-vous du ton TikTok pour comprendre les codes.

> Regardez des vidéos créées par des TikTokeurs de votre univers pour voir quels sujets intéressent votre audience.

la page « Pour toi » d'autres utilisateurs ; c'est la raison pour laquelle cette 1ère vidéo peut atteindre entre 500 et 1 000 vues sans trop de difficultés. Néanmoins, si le taux d'engagement est faible, vos vidéos ne seront plus suggérées. Il faut donc soigner cette première vidéo. Sur TikTok, soigner sa vidéo ne veut pas nécessairement dire passer des heures en tournage mais plutôt créer du contenu qui résonne avec votre audience.

Lorsque vous vous familiarisez avec l'outil, amusez-vous à faire quelques vidéos tests en essayant un maximum de fonctionnalités offertes : vous ne publierez pas ce contenu mais cela vous permet de voir ce qu'il est possible de faire avec les fonctionnalités natives de TikTok et de sélectionner ce qui vous intéresse le plus.

Enfin, sachez que tout comme Instagram, TikTok avantage les vidéos produites directement dans son application. Vous pouvez de temps en temps recourir à Capcut par exemple mais ne le faites que quand l'outil apporte une réelle valeur ajoutée.

La création de votre vidéo s'articule en deux phases.

Étape 1 : créer la vidéo

Après avoir clarifié ce que vous voulez dire au moins dans les grandes lignes et réfléchi aux différentes prises de vues qui peuvent illustrer votre propos, vous pouvez commencer à capturer les images.

L'outil natif de TikTok vous permet d'enregistrer plusieurs segments de vidéo puis d'éditer chaque segment, d'en changer l'ordre et de rajouter du texte. C'est assez sommaire mais souvent suffisant pour vos premiers usages.

Quelques conseils pour vos partis pris créatifs :

→ Commencer par Tu ou Vous : interpelez tout de suite votre audience.

→ Avoir le son le plus clair possible donc faites attention aux bruits parasites et à la qualité de votre micro. Par ailleurs, TikTok n'apprécie pas les vidéos dans lesquelles le volume est trop fort. Donc inutile d'augmenter le volume sonore de votre son pour en compenser la mauvaise qualité.

→ Il est également possible de rajouter une musique « tendance » en fond sonore et d'en ajuster le volume pour qu'elle ne couvre pas votre voix. Ainsi, vous cumulez l'intérêt de ce que vous avez à partager au bénéfice d'utiliser une musique bien notée par l'algorithme de TikTok.

CONSEILS PRATIQUES

› Amusez-vous ! Les fonctionnalités de création vidéo de TikTok évoluent en permanence. Testez-les.

› Écrivez un script reprenant les grandes lignes de ce que vous souhaitez dire et surtout les mots clés sur lesquels vous voulez vous positionner.

Étape 2 : rédiger une description et paramétrer la vidéo

→ **Légende** : ce texte peut faire un maximum de 500 caractères donc nous sommes bien loin des 2 200 caractères d'Instagram. Le texte est essentiel pour l'algorithme de TikTok donc placez-y des mots clés. Il peut s'agir :

- d'expressions correspondant à des recherches d'utilisateurs. Ex « comment rajouter un titre dans une vidéo TikTok ? » ;
- des mots clés « astuces », « bons plans », les utilisateurs sur TikTok l'utilisent aussi pour cela ;
- des hashtags : limitez-vous dans ce cas à 2 ou 3.

→ **Couverture** : c'est un élément essentiel. Lorsque quelqu'un visite votre profil, il voit l'ensemble de vos vidéos de manière statique. Choisissez une photo de couverture qui donne envie d'aller plus loin. Rajoutez un titre. Cet élément visuel donne une

CONSEILS PRATIQUES

> Pour rajouter un titre à votre vidéo, cliquez sur « Choisis la couverture », puis choisissez le format de texte qui vous convient.

> Pour davantage de cohérence sur votre compte, utilisez toujours le même format.

information sur les thèmes de vos vidéos ce qui peut inciter quelqu'un à s'abonner à votre compte.

→ **Localisation :** pour une localisation plus exacte, acceptez la géolocalisation de votre appareil.

→ **Choisir le niveau de diffusion de votre vidéo** (= « qui peut regarder cette vidéo) :

- Moi uniquement : vous seul verrez cette vidéo. Vous pouvez utiliser ce niveau de confidentialité lorsque vous faites vos premiers essais. Sachez que vous pouvez à tout moment modifier le niveau de visibilité de votre vidéo. Vous retrouvez ces vidéos sur votre profil dans l'onglet portant le symbole d'un cadenas.
- Amis : ce sont les followers que vous suivez en retour, une notion empruntée à Snapchat
- Tout le monde : c'est le niveau de diffusion que nous vous recommandons d'adopter. Ainsi votre vidéo pourra être sélectionnée par l'algorithme et vue par des utilisateurs qui ne vous connaissent pas encore.

→ **« Autoriser » :** vous pouvez également autoriser ou pas les commentaires, les Duos ou les Collages. Les commentaires font partie de l'ADN des médias sociaux et en règle générale sur TikTok, les utilisateurs les autorisent. Ils leur permettent d'échanger avec leur audience. Pour les Duos et les Collages, là encore, ils sont autorisés par la majorité des utilisateurs. Seuls les TikTokeurs qui prennent des partis pris assez clivants ou veulent complètement contrôler leur image choisissent de désactiver ces options par peur de voir leurs propos détournés.

→ **Sous-titre automatique (dans le sous-menu «Plus d'options»)** : assurez-vous que vous sélectionnez bien cette option si vous parlez dans votre vidéo car votre texte contient des mots clés qui vont eux aussi être repérés par l'algorithme.

Pour toutes vos questions sur les fonctionnalités de TikTok : https://support.tiktok.com/

Faire émerger ses contenus

■ ■ ■ Nous allons vous donner un certain nombre de conseils pour aider vos vidéos à être visibles de l'algorithme. Par ailleurs, TikTok regorge de TikTokeurs qui prodiguent régulièrement des conseils sur ce sujet.

Ceci étant dit, certains TikTokeurs que nous avons interviewés avaient une approche très spontanée de TikTok et malgré tout arrivaient à satisfaire leur audience et à émerger. Donc ne laissez pas les conseils que vous entendez vous paralyser dans votre production de contenus ou vous enlever de l'authenticité. Là aussi, comme sur n'importe quel média social, testez, regardez les résultats, ajustez et surtout écoutez les retours de votre audience, les questions qu'elle pose pour inspirer vos contenus.

Comprendre l'algorithme de TikTok et intégrer sa logique dans votre production vidéo

Comme tous les autres médias sociaux, lorsque vous publiez une vidéo sur TikTok, elle est poussée vers une base «froide» d'utilisateurs. L'algorithme la score en fonction d'une multitude de critères dont les premiers signes d'engagement de l'audience. En fonction de ce qui se passe, il va la pousser vers d'autres comptes.

L'algorithme de TikTok vise une ultra personnalisation du «feed» et c'est ce qui en fait une application particulièrement addictive (en 2023, les utilisateurs de TikTok passent en moyenne sur TikTok plus de temps que les utilisateurs de YouTube ne passent sur YouTube).

L'algorithme permet aussi à un TikTokeur qui se lance de récolter des vues alors qu'il n'a aucune audience.

TÉMOIGNAGE

Linda Smith, Mentor pour Creative Visionaries installée à Boulder, Colorado

Lorsque je me suis lancée sur TikTok, j'ai posté une vidéo sur l'intuition. Je n'avais aucune audience sur TikTok mes amis et mes proches ne sont absolument pas ma cible et de plus ils ne sont pas sur TikTok. Donc je partais vraiment sans pouvoir m'appuyer sur une communauté existante. Cette vidéo a enregistré plusieurs centaines de vues. Dans le même temps, je me lançais sur Instagram, avec la même logique donc sans aucun follower et cette même vidéo a enregistré moins de 10 vues. Les deux algorithmes n'ont absolument pas la même logique de fonctionnement.

Voyons ensemble ce que l'algorithme de TikTok scanne pour décider de la visibilité donnée à vos vidéos.

Scan visuel

TikTok analyse les éléments visuels de votre vidéo et s'attache au sujet de la vidéo et à son traitement.

Si vous en tant qu'utilisateur vous aimez les vidéos très incarnées dans lesquelles le créateur est face caméra, l'algorithme va privilégier ce type de vidéos pour vous.

Si vous êtes passionnés par les requins ou les baleines, que vous interagissez plusieurs fois avec des vidéos sur ces sujets, il y a de fortes chances pour que vous soyez de plus en plus exposé à ce type de vidéos.

L'implication pour vous est simple. Plus vous vous concentrez sur un sujet « niche » plus grandes sont vos chances pour que l'algorithme pousse vos vidéos auprès d'utilisateurs intéressés par ce même sujet. TikTok ayant maintenant plus d'1 milliard d'utilisateurs dans le monde, une « niche » de contenus peut représenter un nombre conséquent de personnes.

Scan audio

TikTok a grandi grâce au rachat de l'application Musical.ly, la musique fait donc partie de son ADN. L'algorithme fait attention à la musique utilisée, certaines musiques sont trending et donc peuvent vous apporter des « bons points » algorithmique. Par ailleurs, l'algorithme fait également attention aux mots contenus dans la vidéo.

Choisir une musique « trending »

Le choix de la musique est évidemment important. Sur TikTok, certaines musiques deviennent des trends pendant quelque temps. Utiliser une musique trending permet d'augmenter les chances pour que l'algorithme repère votre contenu et ait envie de l'exposer à une audience plus vaste.

La musique doit être cohérente avec le rythme de la vidéo et le ton de votre vidéo. Pensez aux personnes qui vont la regarder. Une musique trending qui ne correspond pas à la vidéo ne présente aucun intérêt. Les créateurs recommandent d'ailleurs de choisir la musique juste après avoir fait le montage, quand vous avez encore à l'esprit le rythme de votre vidéo.

Voici deux ressources pour identifier les musiques trending :

→ Le TikTok Creative Center. La plateforme vous propose un certain nombre de ressources dont des informations concernant les musiques trending cette semaine dans votre pays. Retrouvez-là ici : https://ads.tiktok.com/business/creativecenter/pc/en (Malheureusement à ce jour, tout est en anglais).

→ Metricool, autre source d'information sur les musiques trending https://metricool.com/tiktok-songs/ (ressources disponibles en Français)

CONSEILS PRATIQUES

› Écrivez une trame de script et identifiez en amont les mots clés importants pour vous.

› Vérifiez les sous-titres générés automatiquement pour vous assurer que les mots clés sont bien présents et surtout qu'il n'y a pas de grosses erreurs de retranscription automatique.

Scan Meta texte

L'algorithme prête également attention aux mots utilisés dans la vidéo avec la même logique d'indexation que le robot indexeur de Google. Les mots visibles qui sont analysés sont par exemple ceux de votre légende (description), les hashtags utilisés, les mots du texte incrusté, les sous-titres. Là encore, se concentrer sur quelques mots clés et les répéter s'avère payant.

Interactions sur la vidéo

Évidemment, l'algorithme évalue aussi vos vidéos sur la base de votre capacité à engager la communauté. Le score donné à votre nouvelle vidéo par l'algorithme dépend de l'engagement que vous avez généré sur les précédentes.

À chaque impression d'une nouvelle vidéo sur l'écran d'un membre de TikTok, l'algorithme analyse l'interaction du membre avec la vidéo. Quelles actions a-t-il effectuées ? L'a-t-il revisionné ? Likée ? Enregistrée ? Partagée ? L'algorithme sait aussi si l'utilisateur l'a regardée jusqu'au bout et à quel moment il s'est arrêté.

AVIS D'EXPERT

Sélène Godoy Cortez, experte TikTok

Pour l'algorithme de TikTok, y a-t-il une hiérarchie dans les interactions ? Certains comptent-elles plus que d'autres ?

Oui absolument. Revisionner une vidéo est l'action la plus importante pour TikTok. C'est logique. Quand vous revisionnez une vidéo vous passez davantage de temps sur l'application. Souvenez-vous que TikTok veut vous garder actif le plus longtemps possible dans l'application. Ensuite vient la complétion de la vidéo, le fait que l'utilisateur la regarde jusqu'au bout. Puis l'enregistrement et le partage, interprétés par l'algorithme comme un signe marqué d'intérêt de l'utilisateur. Le commentaire ne vient qu'après ce qui est très différent de ce qui se passe sur d'autres applications. Sachez que TikTok ne s'intéresse pas à la tonalité des commentaires, le bad buzz aide aussi à la viralisation d'une vidéo. Quant au like, il compte à peine.

En résumé, ça donne cette formule.

Revisionner → regarder jusqu'au bout → enregistrer ou partager → commenter → liker

Être un bon citoyen TikTok

Ce terme de « bon citoyen » n'est pas pris par hasard puisque c'est le terme utilisé directement par TikTok. La plateforme observe votre comportement sur l'application. En dehors de vos posts, êtes-vous actif sur la plateforme ? Interagissez-vous avec les publications d'autres utilisateurs ? Suivez-vous d'autres comptes ? Intéressez-vous à autre chose que votre propre activité ?

CONSEIL PRATIQUE

› N'hésitez pas à supprimer de votre compte les TikTok qui ont fait un flop.

Publier au bon moment et dans le bon tempo

Si vous arrivez à générer des interactions suivant la publication de votre vidéo, votre note algorithmique sera meilleure. Faites donc attention à vos horaires de publication.

Quant à la fréquence de publication, les créateurs de contenus sur TikTok publient plusieurs fois par jour. Néanmoins, comme pour Instagram, restez réaliste sur vos possibilités de création de contenu. Là encore, la régularité prime.

AVIS D'EXPERT

Sélène Godoy Cortez, experte TikTok

En termes de fréquence et d'horaires de publications, quelles sont vos recommandations ?

Si vous êtes une entreprise, je recommande en fonction de vos ressources de poster 3 fois par semaine. Si vous êtes un entrepreneur et que vous avez décidé de faire de TikTok votre canal d'acquisition préféré, postez 3 contenus par jour espacés en fonction des statistiques que vous avez. Fuyez les conseils vous donnant les « meilleurs » horaires de publication sur la plateforme. Les meilleurs horaires correspondent au moment de présence de votre audience sur la plateforme. Je vise une audience de lycéens, ils passent une bonne partie de leur journée sur les bancs du lycée, j'en tiens compte.

Enfin, il faut un peu de temps pour que l'algorithme comprenne le message et que ces efforts portent leurs fruits. Donnez-vous 3 mois pour peser sur TikTok.

AVIS D'EXPERT

Amélie Ebongué, autrice de *Génération TikTok aux éditions Dunod*

Comment augmenter sa visibilité sur TikTok ?

Tout d'abord, les TikTok produits doivent respecter les codes de la plateforme. L'authenticité prime, on est plutôt face caméra et on incarne son discours. Ensuite il est tout à fait possible de publier tous les jours voire 2 ou 3 fois par jour sans saturer l'algorithme. Un prof de yoga par exemple pourra donner rendez-vous tous les jours pour une courte séance live. Dans l'ADN de TikTok, il y a également les challenges et les vidéos en Duo qui permettent de créer de l'interaction, de la viralité et croiser ses audiences. Enfin, utilisez les outils natifs de TikTok pour créer vos vidéos, ils sont puissants mais ne repartagez pas cette vidéo produite sur Instagram ou Facebook. TikTok présentant une réelle menace pour les plateformes du groupe Meta, les vidéos TikTok sont pénalisées par leur algorithme.

Analyser les statistiques

Comme nous l'avons vu précédemment, il est essentiel de se pencher régulièrement sur les statistiques de votre compte et de vos vidéos de manière à vous assurer qu'elles sont suggérées à d'autres utilisateurs.

L'interface de statistiques de TikTok est accessible dans l'application mobile et sur ordinateur.

Sur ordinateur : https://www.tiktok.com/analytics

Dans l'application mobile, elle est accessible dans la partie « Outils pour les créateurs ». Pour y accéder, rendez-vous sur votre profil, cliquez sur les 3 barres horizontales (le symbole du hamburger), puis « Outils pour les créateurs », cliquez ensuite sur « Données analytiques ».

L'interface est organisée en 4 parties :

- « Vue d'ensemble » : une synthèse de vos résultats.
- « Contenu » : détails des performances de chaque vidéo.
- « Abonnés » : des informations sur vos abonnés.
- « Live » : dans laquelle TikTok a rajouté des données analytiques spécifiques.

→ Focus sur « **Vue d'ensemble** » : vous pouvez y suivre l'évolution du nombre d'abonnés.

→ Focus sur la partie « **Contenu** » **:** elle est essentielle puisque vous pouvez ici comparer les résultats de vos vidéos et calculer votre taux d'engagement. La question clé restant si oui ou non, vos vidéos intéressent votre audience. Sans analyse de ces statistiques, vous vous échiner à produire des vidéos qui seront de moins en moins vues.

À surveiller de près :

- Les données concernant le temps de visionnage moyen et le nombre de personnes ayant visionné votre vidéo jusqu'à la fin vous permettent de vous challenger dans la production de vos futures vidéos. Faire attention à la durée, travailler le texte pour maintenir l'attention, avoir une entrée en matière plus rapide et plus punchy pour garder l'attention, voici autant de points de progrès.
- L'origine du trafic de votre vidéo : « Pour toi », sur votre profil, à partir d'un hashtag, d'un son ou d'une recherche. Si vous utilisez des hashtags ou des sons pour augmenter la visibilité de votre vidéo, c'est ici que vous verrez si cela fonctionne ou pas.
- Le taux d'engagement de vos vidéos.

→ Focus sur la partie « **Abonnés** » **:**

À partir de 100 abonnés, vous avez accès à des informations utiles concernant vos abonnés.

A minima regardez les jours et horaires de connexion de votre audience pour caller les meilleurs moments de diffusion de vos vidéos.

Vous pouvez également analyser les âges, le genre, les lieux géographiques de vos abonnés pour vous aider à ajuster le ton et les références culturelles de vos vidéos ainsi que les sujets que vous abordez.

L'essentiel

Comprendre les codes de TikTok. Tutoiement, mise en scène de soi et vidéos créées à la volée sont de mise.

Créer un compte reste assez chronophage. Si TikTok est réellement intéressant pour vous, il faut publier plusieurs fois par jour.

Un algorithme qui favorise la découverte des vidéos et qui permet à un compte nouvellement créé d'être immédiatement visible. L'enjeu devient alors de générer suffisamment d'interactions pour que l'algorithme continue à faire découvrir vos vidéos.

Analyser les statistiques, pour savoir à quel moment publier, quelle tonalité adopter et quels thèmes font sens pour votre audience.

Vers un plan d'action

- Créez votre compte TikTok, imprégnez-vous du ton spécifique de TikTok et entraînez l'IA pour commencer à avoir des contenus qui vous intéressent.
- Réfléchissez à votre audience cible sur TikTok le plus précisément possible. Imaginez les sujets qui l'intéressent et les questions qu'elle se pose.
- Testez les fonctionnalités associées à la création de TikTok.
- Créez votre 1re vidéo en mettant en œuvre les conseils pour émerger.

6

Maîtriser YouTube

« Pour faire un film, premièrement, une bonne histoire,
deuxièmement, une bonne histoire,
troisièmement, une bonne histoire »
HENRI-GEORGES CLOUZOT

Objectifs

- Comprendre l'intérêt d'utiliser YouTube.
- Choisir les thèmes de ses vidéos.
- Créer et animer sa chaîne YouTube.
- Optimiser le référencement naturel de vos vidéos.
- Analyser ses résultats.

Le talent de certains Youtubeurs et les moyens déployés par de grandes entreprises pour produire des vidéos virales ne doivent pas vous intimider et vous empêcher d'en tirer profit quel que soit le budget ou le temps que vous êtes prêt à y consacrer.

Une chaîne YouTube : quelle utilité pour vous ?

Il est évidemment possible que vous utilisiez déjà YouTube pour vous informer ou vous divertir au quotidien. Nous avons tous maintenant le réflexe de se rendre sur YouTube pour trouver un tutoriel, pour apprendre à faire quelque chose vite (purger un radiateur, utiliser les macros sous excel…) ou encore pour tout simplement écouter de la musique. Il existe une multitude de raisons d'utiliser YouTube.

Pour un entrepreneur ou un indépendant, on peut distinguer trois usages d'une chaîne YouTube.

Usage #1 Curation

- Des vidéos que vous repérez sur YouTube et qui ont été produites par d'autres utilisateurs
- 2 types de vidéos
  - Vidéos qui parlent de vous
  - Vidéos qui portent sur des sujets qui vous intéressent et qui intéressent votre audience

Usage #2 Hébergement de vos propres vidéos

- **Les vidéos que vous produisez**
- **Intérêt pour vous :**
  - Intégrer des vidéos à votre site Internet sans utiliser sa bande passante
  - Partager facilement vos vidéos avec vos collaborateurs, clients ou sur les médias sociaux

Usage #3 Se faire connaître / Faire connaître son expertise

- **Les vidéos que vous produisez**
- **Enjeu pour vous : être trouvé sur YouTube ou sur Google**

Niveau 1 – Curation

Vous pouvez tout à fait créer une chaîne YouTube dans laquelle vous sauvegardez des vidéos créées par d'autres comptes ou chaînes YouTube. Cet usage du média s'appuie sur la possibilité offerte par YouTube d'enregistrer des vidéos dans des playlists de votre choix.

Quelques exemples d'usages :

→ Vous animez des formations où vous êtes coach, sur YouTube vous pourrez trouver des vidéos utiles pour les personnes que vous accompagnez. Au sein de votre chaîne YouTube, créez des playlists thématiques dans lesquelles vous intégrerez ces vidéos utiles. Vous pouvez ensuite les proposer comme ressource additionnelle lors de vos formations ou de vos accompagnements.

→ Vous avez animé une conférence qui a été enregistrée. Au sein de votre propre chaîne, créez une playlist, « Interventions en conférence » et rajoutez la vidéo produite par l'organisateur. Les participants pourront la retrouver facilement et consulter d'autres vidéos d'autres conférences que vous avez également enregistrées.

Plus loin dans ce chapitre, nous verrons comment créer une playlist.

Niveau 2 – Hébergement de vos vidéos

Dès que vous créez votre propre contenu vidéo, vous avez intérêt à créer votre chaîne YouTube et à téléverser vos vidéos dans cette chaîne.

En effet, en utilisant la fonctionnalité d'intégration de YouTube, vous pouvez ajouter à n'importe quelle page d'un site Internet une vidéo hébergée par YouTube. L'intérêt pour vous : économiser la bande passante de votre site et donc ne pas risquer de le faire « planter » si vous enregistrez trop de visionnages de vidéos en même temps. Pour l'internaute, il n'y a pas de grande différence puisqu'il lance la vidéo et peut la visualiser tout en restant sur votre page.

Le code d'intégration d'une vidéo YouTube peut être généré en un clic à partir de la fonctionnalité de partage d'une vidéo.

Intégrations de vidéos hébergées sur YouTube sur le site du Festival de céramique du 11e.

Autre intérêt, vous pourrez ainsi repartager facilement le lien vers votre vidéo dans un mail ou sur vos autres médias sociaux puisque chaque vidéo a une url propre.

Enfin, il est également possible d'héberger des vidéos en mode « non répertorié » et dans ce cas, seules les personnes à qui vous aurez communiqué l'url de la vidéo pourront la visionner. C'est une bonne alternative si vous êtes formateur afin de limiter l'accès aux seuls participants de vos formations par exemple.

TÉMOIGNAGE

Catherine Champeyrol, fondatrice de JEUXDENJEUX

Pour nos vidéos, nous avons opté pour une réalisation faite avec les « moyens du bord ». C'est vraiment frugal : gros plan sur les mains en train de manipuler les cartes de jeux, filmé via smartphone ou Go Pro en lumière naturelle, en une prise unique de moins de 2 minutes si possible (max 3 minutes). Et ça fait le job ! Le matériel de base pour les vidéos JEUXDENJEUX c'est une grande feuille de papier de couleur unie pour poser les cartes, 2 boîtes à chaussures pour placer la caméra à la bonne hauteur, une perche à selfie, du scotch, un smartphone ou la Go Pro et, sur une feuille A4, le rappel des 3 messages clé à ne pas oublier.

En général il faut 3 prises : la première pour caler la durée et s'échauffer, la seconde pour trouver le rythme et les infos les plus percutantes, la 3e pour être dans la bonne énergie.

Il faut compter environ 1 h 30 à 2 heures pour préparer, tourner, monter puis mettre en ligne chaque vidéo sur YouTube.

Niveau 3 – Se faire connaître/faire connaître son expertise

Évidemment, certains d'entre vous souhaiteront créer une chaîne YouTube pour développer votre notoriété ou la notoriété de votre entreprise. Sans surprise, c'est l'objectif le plus difficile à atteindre puisqu'il faudra non seulement produire du contenu intéressant, travailler le référencement naturel de vos vidéos, les promouvoir et encourager les abonnements à la chaîne.

Choisir les thèmes de vos vidéos

Que vous décidiez de faire de la curation de vidéo ou de produire vos propres vidéos, vous devez choisir les thématiques de ces dernières. Généralement, les petites entreprises se concentrent sur 3 principaux thèmes de vidéos.

Vidéos centrées sur l'entreprise, ses produits, ses services

Ces vidéos permettent de mieux vous connaître. Attention cependant à réussir à maintenir l'intérêt du public et à surveiller leur longueur. En effet, vous l'avez bien compris, comme pour Instagram et TikTok tout discours auto-centré se doit d'être intéressant, émouvant ou distrayant.

Voici quelques idées de vidéos à faire sur cette thématique :

→ **L'histoire de la création de l'entreprise ou histoire de ses créateurs :** faites comme si vous racontiez une histoire, rajoutez un peu d'émotion et des anecdotes pour captiver le visionneur.

→ **Présentation d'un produit ou d'un service :** pensez aux bénéfices pour vos clients et anticipez les questions qu'ils peuvent poser. Mettez en avant votre produit en parlant des points forts et des bénéfices qu'il apporte à votre cible de clientèle. Pour avoir plus d'impact, commencez par une problématique que vous arrivez à résoudre grâce à votre produit.

→ **Témoignage client :** faites-le parler au début du problème qui l'a amené à vous contacter afin que le public puisse s'identifier à lui et comprendre en quoi vos services sont indispensables pour la problématique rencontrée.

→ **Reportage sur un événement que vous avez organisé ou auquel vous avez participé :** il peut s'agir de votre participation à un salon professionnel, d'un mini-reportage pendant une formation que vous organisez, d'un événement avec des clients… Le champ des possibles est vaste. Deux points sont à prendre en compte. D'une part, assurez-vous que vous respectez bien le droit à l'image des personnes qui apparaissent sur la vidéo. Sont-elles reconnaissables ou pas, si oui, vous ont-elles cédé leur droit ? Cela vaut pour les externes comme pour les collaborateurs. D'autre part, attention au rythme de ce type de média. Assurez-vous que vous maintenez bien l'attention au risque que votre vidéo ne soit vue que très partiellement.

→ **Portfolio animé :** proposez un montage photos ou vidéos de vos réalisations et prestations.

TÉMOIGNAGE

Laetitia Dupé, co-fondatrice de Tiny House Baluchon, @tinyhousebaluchon

Sur notre chaîne YouTube, nous mettons le focus sur les témoignages de nos clients. Les gens ont souvent l'impression que les habitants de *tiny house* sont un peu des marginaux. En regardant les vidéos témoignages de nos clients, ils se rendent compte que ce sont des gens lambda et ils peuvent mieux s'identifier à eux. Nous avons également mis sur la chaîne une vidéo qui a été réalisée au tout début de l'aventure quand j'ai fabriqué ma propre *tiny house*, un moyen de partager ma propre aventure.

AVIS D'EXPERT

Jean-Denis Garo, expert marketing et technologie

Quelles vidéos produire en BtoB ?

Le champ des possibles est évidemment très vaste mais voici quelques exemples malins que j'ai pu mettre en œuvre dans les entreprises dont j'ai eu la direction marketing :

- La vidéo que l'on rajoute à la réponse à un appel d'offres est importante. Elle nous permet de montrer notre motivation à travailler avec le client et d'humaniser notre réponse. Les moyens seront modestes, une caméra fixe avec un fond travaillé suffit. On peut utiliser un prompteur mais ce n'est pas obligatoire.
- Une table ronde filmée pour partager du contenu expert. Avec la diminution des événements en présentiel, c'est un format qui a toute sa légitimité. Je recommande de rester sous une heure et d'avoir un format très interactif.
- De la même manière, les webinaires enregistrés permettent de partager une expertise. Ces contenus riches peuvent également être réutilisés pour votre site Internet ou sous forme de pastille sur les médias sociaux.
- Enfin, des tutoriels évidemment si c'est adapté à votre business. Le plus simple consiste à enregistrer votre écran d'ordinateur lors d'une démonstration en ajoutant des commentaires en voix off. Des solutions comme Loom ou PowerPoint permettent même de facilement incruster l'intervenant en train d'expliquer et de contextualiser la démonstration.

Tutoriels

YouTube est devenue une destination de choix pour trouver les moyens d'apprendre à faire. En d'autres termes, au fil des années, la popularité des vidéos « *how to...* » (« comment faire pour ») ne se dément pas.

On relève deux types de tutoriels :

→ Les tutoriels « génériques » : un plombier peut faire une vidéo sur « Comment purger un radiateur ? » et en fin de vidéo rappeler ses coordonnées et son champ d'intervention. Partager ce conseil est un moyen pour lui de se faire repérer par des clients potentiels. L'enjeu sera d'optimiser sa vidéo pour qu'elle soit bien référencée sur la recherche « Comment purger un radiateur ? ». Vous trouverez des conseils précis dans la suite de ce chapitre.

→ Les tutoriels « produits/services » : ils donnent des idées d'usage de votre produit ou de votre service, le mode d'emploi, des champs d'application. C'est par exemple ce que font les magasins de bricolage pour montrer qu'avec leurs produits et le tutoriel vidéo, il est possible de faire seul des tâches que l'on confiait auparavant à des professionnels.

TÉMOIGNAGE

Catherine Champeyrol, fondatrice de JEUXDENJEUX

Notre chaîne YouTube est au départ conçue comme une banque de vidéos à laquelle peuvent se référer les coauteurs quand ils veulent faire une offre, présenter un jeu, découvrir les nouveaux jeux. Les 21 coauteurs ont peu d'opportunités de se rencontrer tous ensemble régulièrement. Nous nous croisons parfois lors d'un événement, d'une animation chez un client commun, d'une démo lors du lancement d'un nouveau jeu.

En septembre 2019, quand la collection est commercialisée sur une plateforme digitale dédiée aux jeux de facilitation/formation, les vidéos sur YouTube deviennent aussi des « modes d'emploi » utiles pour tous les clients (elles répondent simplement et rapidement aux questions essentielles). Elles guident dans les choix.

Les grandes vertus de YouTube pour JEUXDENJEUX c'est l'accès libre 24 heures sur 24 heures, l'indexation simple (en frappant Jeuxdenjeux la chaîne se trouve rapidement), le back office très efficace pour la mise en ligne rapide des vidéos et c'est la notoriété de YouTube (« visible sur YouTube » c'est un sésame que tout le monde comprend, une interface que tout le monde connait). Se connecter sur YouTube pour visionner une vidéo JEUXDENJEUX semble beaucoup plus simple que d'aller sur le site web jeuxdenjeux et de comprendre où sont les vidéos...

Contenus experts

Partager une connaissance, une analyse ou des conseils pratiques sur un sujet reste un excellent moyen de démontrer son expertise.

Si vous craignez de donner trop d'informations au point que vos clients n'aient pas besoin de vous, libérez-vous de cette crainte : les retours d'expérience sur ce sujet montrent que ce risque est largement compensé par l'opportunité d'être repéré par des clients potentiels.

TÉMOIGNAGE

Michaël Aguilar, conférencier international professionnel, auteur de 12 best-sellers

Ma chaîne YouTube est avant tout un élément de réassurance dans ma communication, une manière d'échantillonner conseils et conviction concernant les techniques de vente, mon domaine d'expertise. Est-ce que YouTube me rapporte directement du business ? Assez peu comparé à LinkedIn. En revanche, ça continue à assoir ma notoriété.

Pour moi, il est essentiel sur les médias sociaux d'apporter de la valeur, en créant et partageant du contenu **RED** (qui permette de **R**éfléchir, qui aide à s'**E**nrichir ou qui **D**ivertisse). Je partage sur YouTube des vidéos de moins de 10 minutes, contenant un conseil vraiment pratique pour ajuster ses techniques de vente. Cette production vidéo sur YouTube est ensuite adaptée à d'autres médias.

Vidéos « divertissantes »

Sans tomber dans le travers de la fameuse vidéo virale dont nous rêvons tous (ou pas), certaines entreprises se lancent dans la réalisation de vidéos à caractère plus « divertissant ».

Sur ces vidéos, nous ne sommes pas là pour apprendre quelque chose mais plutôt pour passer un bon moment, être amusé, inspiré ou ému... En d'autres mots, ressentir des choses même si l'objectif reste de faire connaître son entreprise, ses produits ou ses services.

Par exemple, la librairie Mollat installée à Bordeaux fait régulièrement intervenir des auteurs dans le cadre de rencontres avec les lecteurs et de sorties littéraires. Elle enregistre ces moments et les diffuse sur sa chaîne YouTube. Ses vidéos sont tellement reconnues que certains éditeurs n'hésitent pas à les repartager sur leurs propres médias sociaux.

Créer sa chaîne YouTube

Pour pouvoir créer une chaîne YouTube, vous devez posséder ou créer préalablement un compte Google. La création d'un compte est gratuite et ceux d'entre vous qui ont une adresse Gmail en possèdent déjà un. Si ce n'est pas votre cas, vous pouvez créer votre compte en vous rendant sur www.account.google.com.

Créer votre chaîne

Une fois votre compte créé, allez sur YouTube et cliquez sur le bouton « Vous connecter ». Utilisez alors le compte Google que vous venez de créer. Il vous suffit ensuite de cliquer sur la vignette en haut à droite pour créer votre chaîne. Passons en revue quelques conseils pour créer votre chaîne et la paramétrer.

Étape 1 : le choix du nom

Vous devez tout d'abord choisir le nom, le nom d'utilisateur et la photo de profil de votre chaîne. Par défaut, YouTube reprend les éléments de votre compte Google mais vous pouvez évidemment les modifier. Pour les choisir, adoptez la même logique que celle qui nous a guidés dans les chapitres Instagram et TikTok.

Étape 2 : se servir du YouTube Studio

Le studio est accessible à partir du menu déroulant qui s'affiche lorsque vous cliquez sur la vignette en haut à droite. C'est dans le studio que vous allez pouvoir téléverser vos vidéos, accéder à vos statistiques et paramétrer votre chaîne.

Parmi les paramètres les plus importants :

→ Paramètres > Chaîne > Informations générales : ici vous définissez les mots clés associés à votre chaîne. Si vous partagez du contenu expert, listez ici les mots clés importants pour vous en français et en anglais également.

→ Paramètres > Chaîne > Paramètres avancés : dans la partie « audience », « contenu conçu pour les enfants », assurez-vous que l'option « je veux vérifier ce paramètre pour chaque vidéo » est bien cochée. À chaque fois que vous téléverserez une vidéo, YouTube vous demandera de valider que le contenu est adéquat ou pas pour une audience d'enfants.

→ Paramètres > Chaîne > Accès aux fonctionnalités : activez les fonctionnalités intermédiaires en communiquant votre numéro de téléphone à YouTube.

→ Paramètres > Autorisations : dans cette partie, vous pouvez ajouter des co-administrateurs à votre chaîne si besoin.

Personnaliser votre chaîne

Vous pouvez la faire entièrement à votre goût, à savoir ajouter une photo de couverture, y associer des liens vers votre site et vos autres médias sociaux, organiser la page d'accueil pour la rendre plus attractive, créer des playlists et y ranger vos vidéos, faire la promotion d'autres chaînes si vous en avez plusieurs... Voici autant de points de personnalisation de votre chaîne qui peuvent s'avérer utiles !

Pour accéder aux options de personnalisation de votre chaîne, toujours à partir du menu associé à la vignette de votre espace, cliquez sur « Votre chaîne » puis le bouton « Personnaliser la chaîne ». Cet écran contient trois onglets : l'onglet « Disposition », l'onglet « Branding » et l'onglet « Informations générales ». Concentrons-nous sur le premier.

→ **L'onglet « Disposition » :** ici vous choisissez les vidéos que vous voulez faire apparaître sur votre page d'accueil de chaîne pour en augmenter l'attractivité, inciter à l'abonnement et au visionnage de vos vidéos. D'abord sachez que la page d'accueil de votre chaîne YouTube n'est pas la même pour les personnes qui ne sont pas abonnées à votre chaîne et celles qui le sont déjà.

- les non-abonnés verront en haut de page la vidéo « Bande annonce » ;
- les abonnés verront eux une vidéo sélectionnée par vous pour les abonnés (voir l'option « sélection vidéo pour les abonnés »).

→ **La vidéo « Bande annonce » :** visible uniquement des personnes qui ne sont pas encore abonnées à votre chaîne, cette vidéo doit leur donner envie de le faire. Choisissez entre la réalisation d'une vidéo spécifique exposant de manière rapide, dynamique et convaincante les bonnes raisons de s'abonner à votre chaîne ou bien mettez en avant une vidéo que vous avez réalisée et qui a bien performé.

CONSEILS PRATIQUES

› Sélectionnez l'option « Plusieurs playlists » et choisissez l'ordre et la liste exacte de playlists que vous trouvez intéressantes.

› Analysez les statistiques de votre chaîne et n'hésitez pas à modifier la page d'accueil régulièrement.

› Mettez en avant les vidéos qui ont le mieux fonctionné. Ce sont elles qui vont donner envie de poursuivre la découverte de la chaîne.

→ **L'onglet « Sélection vidéo pour les abonnés » :** cette vidéo ne sera visible que de vos abonnés. Choisissez une vidéo importante pour vous et qui a bien fonctionné. Inutile de réserver cet espace à une vidéo aux performances poussives. Toujours dans cet onglet, vous avez la possibilité de faire apparaître sur la page d'accueil une sélection de playlists (voir « Sections sélectionnez » sur cet écran). Cette section de la page d'accueil est la même pour tous les publics, abonnés ou pas et vous permet d'encourager la découverte de vos contenus vidéos et de donner une idée du contenu à découvrir sur votre chaîne. Vous pouvez ajouter jusque 12 playlists.

→ **L'onglet « Branding »** : vous pouvez y insérer des photos, des images de la bannière et filigranes vidéo. Pour plus de cohérence entre vos différents médias sociaux, utilisez en photo et en image de bannière des photos/visuels utilisés sur votre page LinkedIn, compte Instagram ou TikTok... Modifiez ces photos sur tous les espaces en même temps.

→ La photo filigrane est intéressante. Il s'agit d'une petite vignette (150 x 150 pixels) que vous pouvez rajouter automatiquement à toutes les vidéos qui vous appartiennent et que vous téléversez sur YouTube. Lorsque vous mettez en ligne votre filigrane, YouTube vous propose différentes options de visibilité pour celui-ci. En revanche, il sera toujours placé en bas à droite sur l'écran de votre vidéo.

→ **L'onglet « Informations générales » :** Souvent négligé, cet onglet vous permet notamment de personnaliser les informations qui apparaissent dans l'onglet « À propos » de votre chaîne YouTube. Intégrez une description valorisante de votre entreprise et de votre chaîne. Rajoutez les liens vers votre site et vos autres médias sociaux. Il vous est également possible sur cet écran de rajouter une adresse e-mail de contact. Ne vous en privez pas !

Créer des playlists

Les playlists vous permettent d'organiser les vidéos que vous créez autour de thématiques. Elles donnent davantage de visibilité à votre chaîne quand vous commencez à avoir un certain nombre de vidéos. Les noms que vous donnez à vos playlists contribuent au référencement naturel de votre chaîne et de vos vidéos.

Vous pouvez également utiliser les playlists pour sauvegarder publiquement des vidéos que vous trouvez intéressantes. En d'autres termes, les playlists peuvent vous aider à faire de la curation sur YouTube.

Voici quelques exemples de playlists rassemblant essentiellement des vidéos produites par d'autres comptes :

→ Vous avez répondu à des interviews ou avez donné des conférences qui ont été enregistrées, publiées par le média ou l'organisateur sur YouTube, vous pouvez faire une playlist « Mes interviews » ou « Mes conférences ».

→ Vous vous intéressez par exemple au *design thinking* et intégrez cette pratique dans vos prestations de conseil, faites une playlist « Design thinking » dans laquelle vous enregistrez des conférences sur ce sujet ou des témoignages d'autres entreprises l'ayant intégré à leurs pratiques.

Pour créer une playlist, il vous suffit d'aller sur une vidéo (qu'elle vous appartienne ou pas) et de cliquer sur « Enregistrer ». Apparaissent alors les playlists déjà créées ou par défaut.

Cliquez alors sur « Créer une playlist », donnez-lui un nom et choisissez s'il s'agit d'une playlist privée, publique ou « Non répertoriée ». Si vous créez une playlist publique, assurez-vous que son nom contient bien des mots clés.

Bon à savoir

Une playlist ou une vidéo « non répertoriée » est accessible de toute personne ayant le lien.

Optimiser le référencement naturel de vos vidéos

■ ■ ■ Comme nous l'avons déjà vu, le moteur de recherche de YouTube est le 2ème moteur de recherche le plus utilisé en France. Par conséquent, le Graal de tout créateur de vidéo est de faire en sorte que sa vidéo soit bien positionnée dans les résultats de recherche.

Comment le robot indexeur de YouTube fonctionne ?

YouTube cherche avant tout à vérifier deux choses :

→ **La pertinence de votre contenu** par rapport à la recherche de l'internaute. En d'autres termes, est-ce que votre vidéo traite bien du sujet de sa recherche. Le robot va donc vérifier si les mots recherchés apparaissent dans la vidéo, la description de la vidéo…

→ **L'intérêt de votre contenu**. Est-ce que les internautes regardent votre vidéo jusqu'à la fin, à quel moment passent-ils à autre chose ? Comment interagissent-ils avec la vidéo ? Quelle est la popularité de votre chaîne ?

Conseils pour optimiser le référencement naturel de vos vidéos :

→ **Le titre** est évidemment essentiel. Essayez de placer le mot clé ou l'expression prioritaire au début du titre. Par ailleurs, beaucoup d'utilisateurs recherchent des tutoriels sur YouTube. Si c'est le type de vidéos que vous produisez, devinez la question que se pose un internaute et reprenez-la en titre. Elle commencera souvent par « Comment faire pour... ».

→ **Le nom du fichier** est également pris en compte, ne le négligez pas. Le fichier comment_purger_un_radiateur. mp4 a plus de chance d'être bien référencé sur la requête « Comment purger un radiateur » que le fichier XIOUGHVD5.mp4.

→ **Incluez les mots clés prioritaires** pour votre vidéo dans des endroits lus par le robot indexeur de YouTube.

→ L**a description**. Mettez le lien vers votre site Internet au début de votre description. La longueur idéale de la description est entre 200 et 400 mots.

→ **Les sous-titres** Ils contiennent des mots clés lus par le robot et facilitent l'accessibilité de votre vidéo. Ils sont donc prisés par l'algorithme. YouTube les génère automatiquement, il vous suffit de sélectionner la langue utilisée dans la vidéo lors de son chargement. Vous pouvez évidemment modifier ces sous-titres directement dans YouTube Studio.

→ **Les tags associés**. Les tags ne sont pas visibles mais lorsque vous téléversez votre vidéo dans votre chaîne, vous pouvez en ajouter. Limitez-vous à 10 tags pour éviter de spammer.

CONSEILS PRATIQUES

> Pour trouver les mots clés ou l'expression pertinente, utilisez l'outil de suggestion de YouTube, commencez à taper le mot clé qui vous intéresse et regardez les expressions suggérées.

> Ces mots clés sont suggérés sur la base des recherches les plus populaires, un excellent moyen de découvrir du contenu et des vidéos.

Donnez envie de lancer la vidéo

Optimisez le titre et la vignette (thumbnail) pour donner envie à l'internaute de regarder la vidéo. Lorsque vous créez une série de vidéos de même nature (des tutoriels par exemple), vous développez une identité graphique propre pour cette vignette qui permet à votre audience de reconnaitre les tutoriels de votre chaîne, y compris lorsqu'elles apparaissent dans un résultat de recherche.

Créez des vidéos qui retiennent l'attention de leurs spectateurs

Dans la partie «Analyser ses résultats», nous verrons ensemble l'importance du taux de rétention. YouTube prend en compte la guerre de l'attention et veut que les vidéos soient vues idéalement dans leur intégralité. Les experts du référencement sur YouTube estiment qu'il faut au moins arriver à un taux de rétention supérieur à 40 %.

YouTube regarde également l'engagement enregistré par la vidéo

Est-ce que les spectateurs mettent des likes ? Quel est le pourcentage de like sur le total des réactions (👍/ 👎) ? Est-ce que les spectateurs cliquent sur les liens inclus dans la vidéo ? Dans la description ?

Cela implique d'une part que vous acceptiez que les utilisateurs de YouTube commentent vos vidéos (c'est un point de paramétrage) et d'autre part, que vous soyez attentifs aux commentaires et réactions de l'audience. Comme sur les autres médias sociaux, répondez aux commentaires.

Utilisez les playlists

Elles vous permettent de regrouper vos vidéos autour de grandes thématiques, de les organiser. Chaque playlist a un nom qui lui aussi est repéré par le robot de LinkedIn. Enfin, les utilisateurs sont incités à consommer les vidéos d'une même playlist. Bien organisées, elles permettent de garder votre audience sur votre chaîne et de voir grimper le nombre de vues de vos vidéos.

Utilisez vos autres outils de communication

Cette action est essentielle afin de générer du trafic vers votre vidéo et plus généralement vers l'ensemble de vos vidéos.

Plus elles sont vues, plus votre nombre d'abonnés monte et plus l'algorithme sera favorable à votre contenu.

AVIS D'EXPERT

Clément Lesne, co-fondateur TrafficMakers

Quelles dynamiques mettre en place entre sa chaîne YouTube et son site Internet ?

Ce qui fonctionne le mieux, c'est d'intégrer la vidéo à son site Internet. Si vous avez un blog, une rubrique actualité ou que la vidéo est consacrée à un produit ou une offre de service précise, créez une page sur son thème central. Ensuite, intégrez la vidéo sur cette page (code d'intégration disponible dans la fenêtre pop-up de partage de la vidéo) et rajoutez un texte descriptif ou explicatif.

Dans le texte, assurez-vous de reprendre le mot-clé principal de votre vidéo et d'ancrer le lien vers la vidéo hébergée sur YouTube dans ce mot-clé. Cela favorisera la visibilité de votre vidéo sur ce mot clé.

Analyser ses résultats

■ ■ ■ Dans le YouTube Studio vous trouverez une série de statistiques intéressantes à analyser pour optimiser les performances de vos vidéos et de votre chaîne YouTube.

Le nombre de vues de vos vidéos

C'est le résultat auquel nous faisons souvent référence – notamment parce qu'il est public. Pour qu'une vue soit comptabilisée, il faut que le spectateur regarde la vidéo au moins 30 secondes.

Le nombre de vues vous permet de comparer les résultats de vos vidéos à celles de vos concurrents par exemple.

Le taux de rétention

Il correspond au pourcentage moyen de vidéo regardé. Si vous avez un taux de rétention de 70 % par exemple, cela veut dire qu'en moyenne les internautes regardent 70 % de votre vidéo.

Le taux de rétention montre l'intérêt des spectateurs pour votre vidéo. Mathématiquement, plus votre vidéo est longue et plus il vous sera difficile d'enregistrer un taux de rétention élevé – gardez néanmoins en tête que YouTube favorise le contenu long (autour de 4 minutes).

En analysant ce taux, vous pouvez définir, selon vos sujets et votre audience, la durée idéale de vos vidéos. Si vous avez tendance à construire des scripts un peu longs, cela vous aidera à couper au bon endroit.

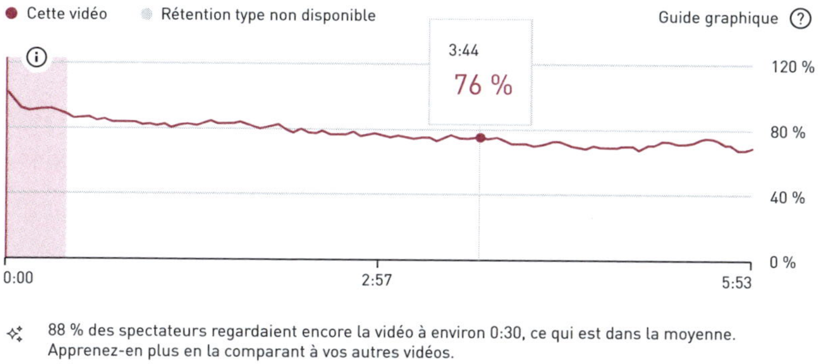

Exemple de graphique disponible dans l'interface statistique de YouTube.

Soyez attentif à l'évolution de la courbe (donnée par YouTube). Dans cet exemple, elle est restée plate ce qui montre un intérêt pour la vidéo du début à la fin. En déplaçant votre curseur sur la courbe, vous pouvez voir à un moment T quel pourcentage de spectateurs regardait la vidéo (dans l'exemple 76 % à 3 minutes et 44 secondes).

L'essentiel

Penser à la curation sur YouTube via des playlists car il n'est pas nécessaire de créer des vidéos pour tirer profit de YouTube.

Une économie de moyens est possible pour les vidéos YouTube si votre contenu a une forte valeur d'utilité.

Il existe quatre grandes catégories de vidéos pour les petites entreprises : centrées sur l'entreprise, tutoriels, contenus experts et divertissements.

Le travail du référencement naturel des vidéos postées ne doit pas être négligé.

L'analyse de vos résultats est importante pour progresser, ainsi que l'ajustement de la longueur de vos vidéos et les sujets sur lesquels vous créez du contenu.

Vers un plan d'action

- Créez votre chaîne YouTube et des playlists dans lesquelles vous rajoutez *a minima* des vidéos créées par d'autres que vous trouvez intéressantes.
- Vérifiez s'il n'existe pas déjà sur YouTube des vidéos sur vous, votre entreprise ou vos produits.
- Définissez le thème des vidéos que vous voulez créer.
- Évaluez votre production de vidéos sur Instagram et TikTok et voyez si certaines vidéos ont leur place sur YouTube.

Conclusion

Au fil des années, ces trois médias sont devenus une incontournable source d'inspiration et permettent de découvrir et d'identifier des contenus facilement partageables. – territoires d'expression personnelle aussi.

Pour une entreprise telle que la vôtre, ils vous offrent *a minima* la possibilité de fidéliser votre base de clients existante : les faire racheter et les encourager le bouche à oreille. Vos premiers fans/followers/abonnés seront souvent des personnes que vous connaissez déjà. Ces médias vous donnant la possibilité de maintenir le lien et de rester à l'esprit. En les utilisant activement, vous voudrez également atteindre des clients potentiels. C'est là qu'une stratégie bien définie devient nécessaire.

L'animation d'un espace notamment sur Instagram et TikTok impose un rythme de publications et une régularité. Nous vous conseillons donc de choisir un média prioritaire. Pour ce faire, il vous faudra bien connaître votre cible de communication et identifier lequel de ces médias elle utilise.

À usage égal de TikTok et Instagram par votre cible, prenez en compte vos propres préférences. Vous passez déjà beaucoup de temps sur Instagram et aimez le contenu que vous y découvrez, ce média s'impose pour vous. Vous n'êtes pas à l'aise avec le fait d'être le personnage central de vos prises de parole vidéo, TikTok n'est probablement pas le bon média pour vous. Si en revanche, cela ne vous gêne pas et que vous n'avez pas une appétence particulière pour la création de photos très travaillée, choisissez TikTok plutôt qu'Instagram.

Une fois le média choisi, vous vous attèlerez à la définition d'une ligne éditoriale claire et cohérente, en accord avec les attentes de votre cible. Il ne s'agit pas seulement de créer un compte, mais de développer une présence authentique et engageante sur la plateforme choisie.

Ensuite, vous définirez votre plan de communication sur le média choisi : évaluer la pertinence de l'achat média, d'activer des relations avec des influenceurs, de collaborer avec d'autres marques...

Enfin, l'analyse de vos résultats vous permettra de mesurer l'efficacité de la stratégie mise en place et d'ajuster vos actions en fonction des données récoltées.

En résumé, de nombreuses entreprises et indépendants tirent parti d'Instagram, TikTok et YouTube. La clé du succès réside dans une stratégie bien définie, une approche authentique, une animation régulière du média choisi et la capacité à s'adapter en fonction des résultats obtenus. Avec une gestion appropriée, ces plateformes peuvent devenir de puissants outils de communication et de croissance.

Par la même autrice

L'affiliation. Pourquoi ? Comment ?, Éditions d'Organisation, 2004.

Les fiches outils du webmarketing, Eyrolles, 2015.

Se faire connaître grâce aux médias sociaux visuels, Dunod, 2018.

Comment développer votre activité grâce aux médias sociaux, 3ème édition, Dunod, 2019.

LinkedIn, Twitter pour développer votre activité, 2ème édition, Dunod, 2020.

82916 - (I) - SOP 90° - PMS 2452 U - PCA - API
Dupliprint
733 rue Saint-Léonard, 53100 MAYENNE
Dépôt légal : septembre 2023
OF : 2984617R
Imprimé en France